A Aventura da Autodescoberta

Usando mitos, símbolos e imagens que revelam a sua vida interior

9788531604584
CB124757

Alexandra Collins Dickerman

A Aventura da Autodescoberta

Usando mitos, símbolos e imagens que revelam a sua vida interior

Prefácio
JEAN HOUSTON

Tradução
CLAUDIA GERPE DUARTE

EDITORA CULTRIX
São Paulo

Título do original:
Following Your Path
Using Myths, Symbols, and Images to Explore Your Inner Life

Edição	Ano
1-2-3-4-5-6-7-8-9	94-95-96-97-98

Impresso em nossas oficinas gráficas.

Sumário

Prefácio 8
Introdução 10

1ª Etapa – O Nascimento 17
Capítulo 1 – O Louco 18
Capítulo 2 – O Mago 26

2ª Etapa – A Iniciação 39
Capítulo 3 – A Grande Sacerdotisa 40
Capítulo 4 – A Imperatriz 59
Capítulo 5 – O Imperador 70
Capítulo 6 – O Hierofante 80

3ª Etapa – O Recolhimento 93
Capítulo 7 – Os Amantes 94
Capítulo 8 – A Carruagem 105
Capítulo 9 – A Força 115
Capítulo 10 – O Eremita 128

4ª Etapa – A Busca 143
Capítulo 11 – A Roda da Fortuna 144
Capítulo 12 – A Justiça 156

5ª Etapa – Nos Domínios da Morte 169
Capítulo 13 – O Enforcado 170
Capítulo 14 – A Morte 182
Capítulo 15 – A Temperança 197

6ª Etapa – A Confrontação com o Diabo 209
Capítulo 16 – O Diabo 210
Capítulo 17 – A Torre 228

7ª Etapa – O Renascimento 243
Capítulo 18 – A Estrela 244
Capítulo 19 – A Lua 255
Capítulo 20 – O Sol 263

8ª Etapa – A Transformação 279
Capítulo 21 – O Julgamento 280
Capítulo 22 – O Mundo 291

Índice Cromático 306
Referências 308
Bibliografia 309

Agradecimentos da Autora

Sou grata pela ajuda e apoio recebidos do meu marido John e das minhas filhas Lexa e Sarah. Também sou grata a Lori Chaplin, Marian Flanders, Mary McHugh, Doris Dickerman, Tom Dickerman, Tyrell Collins-Conway e a todos os amigos e alunos que fizeram cursos e me ofereceram idéias e estímulo.

Prefácio

De tempos em tempos, em intervalos bem longos, deparamos com um livro que estimula a nossa imaginação ao mesmo tempo que surpreende agradavelmente a nossa expectativa. É um livro desse tipo que você tem agora nas mãos.

Em *A Aventura da Autodescoberta*, somos convidados a viajar pela longa história da nossa vida. Somos levados, com extremo cuidado e habilidade, a associar as circunstâncias pessoais da nossa existência histórica local aos Universais Pessoais, com seus contextos mais abrangentes e formulações mais globais. Mediante o uso consumado de um encontro e um diálogo imaginativo com as estruturas do mito, do símbolo e da história consagradas pelo tempo, penetramos nas esferas criativas da psique nas quais nos vemos como o conhecedor, o conhecimento e o conhecido; o jogador, o jogo e o lance. Encontramos os futuros heróis e heroínas de mil faces e ficamos surpresos ao descobrir que essas faces são nossas. Penetramos na arqueologia da nossa psique, descendo através das camadas do eu para conversar com as múltiplas esferas e *personae* que habitam dentro de nós.

Na pesquisa que realizei ao longo de anos a fio, examinei profundamente essas camadas do eu e descobri que o nosso mundo interior possui pelo menos quatro níveis: o sensorial, o psicológico, o mítico-simbólico e o espiritual ou integral. Cada um deles tende a ter seu estilo próprio de imagens e conteúdo, de lógica, de acontecimentos, de psicologia, de física e até mesmo de metafísica. A psique assemelha-se a uma escavação arqueológica na qual diferentes civilizações, histórias e interpretações podem ser reveladas em cada nível.

Contudo, ao contrário do campo da arqueologia, temos neste caso um acesso vivo às culturas e informações dos diferentes níveis que existem no nosso interior e podemos, portanto, aprender no local como entrar em contato com as nossas dimensões ocultas, de modo a favorecer a nossa vida existencial. Também é possível, com a ajuda desses padrões primordiais de significado e relacionamento conhecidos como arquétipos, construir pontes de sustentação para essas camadas, bem como redes de comunicação entre elas, estimulando assim uma contínua comunicação e intercâmbio de conteúdos – uma espécie de comércio da psique.

Neste livro cheio de imaginação e altamente inovador, Alexandra Collins Dickerman conseguiu desenvolver com enorme sucesso uma série de estratégias para incentivar esse comércio. Conduzindo-nos ao longo dos estágios da clássica jornada do herói ao mesmo tempo que aprofunda o percurso com os poderosos símbolos do Tarô, ela nos proporciona o acesso a um universo mais amplo do que as nossas aspirações e mais complexo do que a maioria dos nossos sonhos. Somos despertados para nos tornarmos cidadãos desse universo arquetípico mais amplo. Ao aprender a viver dentro dele e a sujeitar-nos às suas leis e processos, descobrimos que a realidade arquetípica é um campo de realidade diferente, uma esfera geofísica que requer um modo diferente de percepção – um modo imaginativo e imaginal. O caminho descrito neste livro propicia e amplifica o desenvolvimento e o uso mais intenso das faculdades da psique. É esta última que conhece o arquétipo. A psique obtém o conhecimento por via interior, e é desse modo que ela passa a conhecer as imagens e as formas do mundo arquetípico. Você descobrirá que com um pouco de estímulo essas imagens e formas surgem como estruturas autônomas e obras de arte autogeradas. Essas imagens estão de tal modo repletas de significados e padrões de ligação e percepção intuitiva que você se perguntará como pôde viver sem elas. E, com essas criações da psique, descobrimos que não é a psique que existe em nós, mas nós que existimos na psique.

Tenho pensado muitas vezes que se a esquizofrenia – a fragmentação da personalidade – é a doença da condição humana, então a polifrenia – a orquestração dos nossos múltiplos eus – seria a nossa saúde ampliada. Em *A Aventura da Autodescoberta* são oferecidas maneiras profundas e múltiplas de travar conhecimento com a complexa tripulação que você incorpora. Dentro de você estão o Louco, a Imperatriz, o Eremita e os Amantes. E no seu íntimo estão também o conhecimento e a faculdade de viver e trabalhar numa realidade exterior, num mundo objetivo que se tornou tão complexo, extravagante e estranho quanto aquele que você encontrará no seu espaço interior. Existe pouca diferença entre a imaginação e a realidade exterior. É por isso que este livro demonstrará ser um de seus instrumentos mais valiosos para prepará-lo para viver e ser um co-criador nesta época que é, possivelmente, a mais crítica da história da humanidade. Sei que em outros tempos as pessoas acreditaram que a época delas era a mais importante de todas. Enganavam-se. A época mais importante é esta. Use este livro.

Jean Houston

Introdução

Talvez algumas vezes você se pergunte o que é importante na sua vida, por que se sente de uma determinada maneira ou como poderia curar antigas feridas e descobrir as peças que faltam no seu ser. Pode ser até que vez por outra se pergunte quem você é.

Caso deseje encontrar as respostas para suas perguntas mais profundas e mais íntimas, venha caminhar comigo. Essa jornada irá conduzi-lo à terra de origem dos seus sonhos, às profundezas da sua psique. É uma jornada de redenção por meio do autodescobrimento, na qual você terá profundas percepções intuitivas a respeito de si mesmo. Essa viagem lhe proporcionará uma renovação pessoal e espiritual. Nela você visitará a terra das imagens mais vitais da sua vida. Encontrará sua mãe e seu pai, o demônio que o persegue, e terá visões dos seus sonhos e esperanças. Será capaz de compreender todas as suas questões mais importantes, aquelas que o tornaram quem você é. Perceberá como realmente se sente a respeito dessas questões e descobrirá o que pode fazer para mudar o que precisa ser mudado na sua vida.

Sua aventura através deste livro será uma jornada rumo à autoconsciência, e nela você participará de um diálogo entre o seu ego, com os valores que ele perfilha conscientemente, e o seu inconsciente, em cujas profundezas repousa uma rica variedade de imagens arquetípicas que refletem os níveis mais profundos dos seus sentimentos.

A maioria de nós não está acostumada a esse tipo de diálogo com o inconsciente. Trata-se de uma conversa espiritual, e vivemos numa cultura materialista. Desde a época do Iluminismo, no século XVIII, o pensamento ocidental idealiza as faculdades do raciocínio e dos sentidos acima de quaisquer outras maneiras de conhecermos a nós mesmos. Apenas os dados analíticos e mecânicos gozam de credibilidade no nosso mundo tecnológico, embora existam outros modos de conhecermos as coisas e outras escalas de valores. Em decorrência dos preconceitos da nossa cultura, nossa capacidade de imaginar, sentir e intuir informações não tem sido considerada uma maneira válida de compreender a vida.

Neste livro, contudo, estaremos atuando quase que totalmente nesse plano de entendimento, penetrando no mundo das imagens, dos símbolos e dos mitos. Nessa esfera, a imaginação é a faculdade central, e nós a usaremos para unir o mundo visível do pensamento consciente ao mundo interior oculto do inconsciente.

Os símbolos, as imagens e os mitos são originários das profundezas da experiência humana. Sua finalidade é revelar-nos os aspectos mais profundos da realidade, aos quais nenhum outro tipo de conhecimento nos permite chegar. Eles esclarecem os aspectos mais profundos do nosso ser, revelando nossas mágoas e temores, deficiências, desejos e esperanças. Graças aos mitos, símbolos e imagens, seremos efetivamente capazes de ver a nós mesmos.

Em geral estamos apenas parcialmente conscientes das idéias e sentimentos que ocorrem dentro de nós, enquanto o resto jaz oculto nas esferas do inconsciente. Mas para vivermos uma vida plena e integrada precisamos ser capazes de compreender tanto o mundo interior quanto o exterior e de harmonizar-nos com eles.

O psicanalista Carl Jung afirmou que precisamos estabelecer a base de um diálogo com o eu interior empregando símbolos e imagens da mente inconsciente que a nossa mente consciente possa reconhecer e aos quais ela possa ser sensível. Uma das maneiras de explorar as profundezas da psique é estudar os nossos sonhos, mas estes não raro parecem distantes e mostram-se geralmente inacessíveis ao exame sem a ajuda da análise. Mas pelo uso dos mitos, dos símbolos e das imagens é possível compreender esses segredos interiores que influenciam silenciosamente a nossa vida. As imagens contidas neste livro revelarão as verdades que se encontram ocultas nas esferas mais profundas da psique.

Os exercícios que acompanham essas imagens destinam-se a capacitá-lo a reconhecer suas vozes interiores, para que você possa encontrar claramente o seu caminho, transpondo com sucesso os obstáculos e decidindo-se entre os diferentes trajetos ao longo do caminho de sua vida. Este livro servirá de guia para o mundo interior, o profundo poço do inconsciente no qual, nas palavras de Jung, o conhecimento absoluto pode ser encontrado.

Acompanhe-me e siga o seu caminho através desta jornada da imaginação, na qual descobrirá os maravilhosos tesouros ocultos no seu íntimo.

A Jornada Mítica

Este livro o conduzirá numa jornada mítica que abrange oito etapas. Os estudiosos da mitologia consideram essas oito etapas básicas como os principais marcos a serem transpostos na jornada da inocência para a autoconsciência. Estas etapas correspondem aos Arcanos Maiores das cartas do Tarô, que descrevem simbolicamente a seqüência da jornada mítica. O resumo que se segue das oito etapas servirá de orientação para a sua jornada.

1ª Etapa. O Nascimento

O herói (que é você) surge do desconhecido. Já sabemos, neste estágio, que no seu papel de herói você enfrentará a adversidade; tal é o pressuposto fundamental da busca. Os princípios desse confronto se tornarão a base da sua jornada. Este estágio representa o início, uma época de abertura, de vulnerabilidade e inocência.

2ª Etapa. A Iniciação

Antes de empreender a jornada, você precisa ser iniciado no papel de herói e receber a bênção divina. Este é o ponto no qual você precisa enfrentar as questões relacionadas com sua mãe e seu pai. Você se torna iniciado ao afirmar-se de alguma maneira, estabelecendo assim uma identidade separada da sua família.

3ª Etapa. O Recolhimento

Agora você precisa retirar-se do mundo a fim de se preparar para futuros empreendimentos. Esse recolhimento é um rito espiritual da passagem para o renascimento do eu. Você se recolhe a fim de experimentar o descobrimento dentro de si mesmo, o que lhe permitirá emergir posteriormente com a divindade que ali terá encontrado. Esta etapa exigirá a experiência não raro dolorosa de perder o eu a fim de encontrá-lo.

4ª Etapa. A Busca

Em certo sentido, toda a vida do herói é uma busca. Cada herói, em toda história, representa a busca do eu, e todas as etapas da jornada fazem parte dessa busca. Esta fase específica da Busca constitui uma ocasião em que você é chamado a se afirmar enquanto avança do período de contemplação para o envolvimento ativo nas tarefas da vida. É o momento de empreender uma ação positiva.

5ª Etapa. Nos Domínios da Morte

O herói precisa enfrentar a morte. É o momento do inverno simbólico, quando o mundo lamenta sua perda e a terra se faz estéril. Entretanto, a morte sempre encerra a esperança de que o herói será ressuscitado. Por isso, a morte do herói também contém a promessa de uma nova vida (do mesmo modo que a exploração do lado sombrio do ser pode propiciar a cura). Neste ponto da jornada do herói rumo à plenitude, você ultrapassa os desafios físicos do corpo e retorna aos do espírito. Você agora é exortado a preparar-se para uma viagem ao desconhecido. Essa viagem começa quando você ingressa nos domínios da morte.

6ª Etapa. O Confronto com o Diabo

É o momento de enfrentar as coisas que você mais teme – o lado escuro da sua vida. Trata-se de um estágio necessário antes que você possa experimentar um renascimento. É um rito de passagem que o fará passar pelos guardiães monstruosos do mundo subterrâneo e o conduzirá à noite escura da alma, um estágio vital da auto-exploração. Essa experiência lhe dará a oportunidade de reconhecer e reconstituir as diversas partes de si mesmo, até as mais sombrias, as de suas profundezas mais ocultas, a fim de alcançar a plenitude e a auto-realização.

7ª Etapa. O Renascimento

É o estágio do renascimento uma repetição da experiência do nascimento miraculoso que deu início à sua jornada. Depois de uma morte violenta, o herói visita o mundo subterrâneo para depois retornar à vida na terra. Nesse ponto você consumou a derrota da morte e fechou o ciclo da natureza ao renascer. Este estágio representa a culminação dos processos da individualização e da auto-realização que criaram o seu novo eu. Você enfrentou e superou a morte; foi capaz de transformar algo difícil na sua vida. Os demônios foram derrotados. Você agora pode emergir das profundezas munido de nova sabedoria.

8ª Etapa. A Transformação

É a conclusão da jornada, na qual você aprendeu a ligar-se ao sagrado descobrindo o que existe no seu interior. Está pronto para retirar-se do ciclo da vida e libertar-se de todos os antigos temores e limitações. Esta é a experiência de auto-realização que conduz à libertação do medo; é o ponto no qual os opostos se equilibram num estado de harmonia. É o momento em que você se capacita a atingir a plenitude do seu potencial, antes de reingressar no ciclo da vida para encetar uma nova jornada.

Este livro é um diário das experiências da sua vida sob o aspecto do seu conteúdo simbólico. Ao completar esta jornada você terá definido uma linguagem de comunicação com o seu eu inconsciente e disporá também de um diário dos seus progressos. Nestas páginas você aprenderá a linguagem do inconsciente, para que seus eus exterior e interior possam existir num estado de união e tranqüilidade em que cada parte contribui para o aprimoramento da outra no sentido de uma existência plena, rica e global.

Durante a viagem ao longo deste livro você estará participando ativamente do seu processo natural de regeneração, no qual o eu se encontra em constante processo de crescimento e auto-realização. Você será capaz de compreender as realidades fundamentais da sua vida e descobrir novas verdades a respeito de si mesmo. Esta jornada lhe possibilitará chegar a um acordo com antigos hábitos, mágoas e temores, e efetuar mudanças que abrirão sua vida para novos e profundos significados.

Como Usar Este Livro

Este livro difere da maioria dos outros que você tem na estante por não ser basicamente um livro para ser lido e pensado; ao contrário, é um livro para ser experimentado, do mesmo modo como você viveu as histórias que leu em criança através da imaginação, da intuição e dos sentimentos.

Cada uma das seções seguintes começa com uma gravura e uma breve descrição de onde você se encontra enquanto percorre simbolicamente os oito estágios da jornada mítica do herói. Esses estágios subdividem-se em vinte e dois capítulos. Cada capítulo começa com a imagem de duas cartas do Tarô. A primeira é extraída do antigo Tarô de Marselha, que possui símbolos ligeiramente distintos dos que você verá na segunda carta, tirada do Tarô mais recente de Rider-Waite. Ambas foram incluídas por apresentarem o mesmo tema de uma maneira levemente distinta.

Comece a sua peregrinação relaxando a mente e o corpo e contemplando a primeira carta do Tarô. Algumas dessas imagens poderão afetá-lo intensamente de alguma maneira, e talvez você sinta vontade de colori-las com canetas hidrocor. Poderá examinar posteriormente o índice cromático no final do livro para descobrir o significado das cores que escolheu para os objetos da gravura.

Antes de começar a visualização da carta do Tarô no início de cada capítulo, dedique-se alguns instantes a relaxar a mente consciente. Isso permitirá que respostas aflorem tanto do inconsciente quanto das esferas da imaginação. Você poderá usar o exercício de relaxamento sugerido abaixo ou simplesmente fechar os olhos e acalmar a mente, libertando-a de todas as distrações e pensamentos irrelevantes durante pelo menos um ou dois minutos.

> Feche os olhos. Acalme os pensamentos e imagine um céu claro e azul. Nele você pode ver um glorioso sol dourado que o aquece e tranqüiliza enquanto você relaxa todos seus músculos e se liberta de toda a tensão que existe no seu corpo. Sua mente está serena e seu corpo em paz enquanto você inala uma calma curativa e exala toda a tensão do seu corpo, proporcionando-se um relaxamento completo e profundo.

Acompanhando cada carta do Tarô, há uma breve descrição do seu significado. Em seguida você encontrará um exercício de visualização que o convida a imaginar-se penetrando e participando do mundo da sua jornada, que é a terra descrita na carta. Depois que você ingressa no mundo mítico da jornada ser-lhe-ão feitas várias perguntas a respeito do que você vê, do que está acontecendo e de como se sente. Essas perguntas o ajudarão a ilustrar e esclarecer suas experiências enquanto vai descobrindo o seu verdadeiro eu.

Use seus impulsos e palpites para interpretar essas perguntas e confie nas suas sensações e sentimentos a respeito do significado de uma determinada imagem, enquanto permite que suas percepções evoluam gradualmente. Caso depare com algum exercício no qual nenhuma resposta lhe venha de pronto à mente, deixe-o de lado e prossiga. Uma resposta forçada será ilusória e terá provavelmente pouco significado.

As perguntas são acompanhadas de um retângulo que contém informações a respeito do significado das imagens às quais você acaba de responder, incluindo definições dos símbolos e algumas idéias destinadas a ajudá-lo a interpretar as respostas à luz dessas definições. Esta é a parte mais importante da sua experiência e provavelmente a mais complicada, porque esse é o ponto no qual você estará unindo as esferas do pensamento consciente com as do inconsciente, à medida que examina o relacionamento entre sua reação à imagem e o seu significado. As definições dos símbolos contidos nos exercícios são extraídas de dicionários de símbolos, que constituem compilações dos significados culturais, psicológicos, religiosos e tradicionais do que Carl Jung chamava de Imagens Universais e do que J. C. Cooper chama, em *An Illustrated Encyclopaedia of Traditional Symbols*, de "uma linguagem internacional que transcende os limites normais da comunicação".

Cada capítulo inclui uma afirmação, uma breve mensagem positiva. Caso você tenha uma reação adversa a qualquer um dos exercícios (e alguns contêm símbolos terríveis, como o Diabo e a Morte), ou se quaisquer sentimentos desagradáveis forem despertados, repita a afirmação para si mesmo quantas vezes forem necessárias, até sentir-se pronto para examinar a origem do seu mal-estar. A afirmação lhe proporcionará uma sensação positiva de apoio e firmeza enquanto você se orienta nessa terra estranha.

Em muitos casos, a afirmação é seguida de vários outros exercícios. Todos eles estão relacionados com o simbolismo do capítulo; a maioria envolve símbolos de uma das cartas do Tarô do início do capítulo. Os capítulos também são realçados por histórias, mitos, fábulas, contos de fadas, poemas, citações e imagens de diferentes origens. Esses elementos apresentam a mesma idéia vista de diferentes ângulos, para proporcionar-lhe um entendimento mais rico das imagens.

Cada capítulo termina com uma análise das idéias por ele representadas. Entretanto, o profundo significado deste livro ocorre nas esferas da imaginação, e sua verdadeira importância repousa na experiência pessoal com os símbolos e as imagens. A parte mais significativa desta obra é aquela em que você escreve a respeito de si mesmo.

Todos os capítulos lhe fornecerão informações e lampejos de percepções intuitivas. Alguns capítulos serão fáceis e divertidos; outros parecerão triviais; outros, ainda, terão uma importância crítica e imediata para você no que respeita a questões que você está enfrentando na sua vida atual. Os capítulos e exercícios que lhe provocarem reações mais intensas são os mais valiosos para você. Se deparar com uma história ou imagem que o afete fortemente, você saberá que atingiu uma questão pessoal relevante e terá assim uma oportunidade de descobrir algo importante a respeito de si mesmo.

Procure também padrões ou temas nas suas respostas. Sempre que descobrir um relacionamento ou semelhança na maneira como reage a diferentes imagens, examine cuidadosamente o significado dos padrões que elas representam. Quando perceber um padrão, encontrará o tema, a direção e o significado da sua jornada.

A ordem dos capítulos acompanha a progressão da sua jornada. Sugerimos seguir essa seqüência na primeira vez que ler o livro, embora sem dúvida venha a perceber que irá deter-se por mais tempo nos capítulos que provocam as reações emocionais mais vívidas. Talvez você queira reencetar esta jornada numa época posterior, quando sua vida tiver mudado. Quando diferentes assuntos prevalecerem, capítulos e exercícios distintos assumirão um novo significado, e os símbolos falarão a você de outra maneira.

Este livro permitirá que você descubra a sua sabedoria inata, que lhe mostrará o caminho para a plenitude e a realização e transformará a sua vida. Numerosas recordações, idéias e pensamentos surgirão à medida que você percorrer os capítulos deste livro, e você talvez queira manter um diário (quem sabe, num caderno de espiral) das idéias que forem surgindo.

Vá em frente nesse caminho, sabendo que irá descobrir muitos tesouros durante o percurso e que voltará em segurança e com maior compreensão de si mesmo. Não se apresse e desfrute da jornada. *Bon voyage!*

1ª Etapa
O Nascimento

Você chegou ao início de um novo ciclo. Este é o seu começo; é o momento do seu nascimento.

Capítulo 1
O Louco

Comece a fazer tudo o que pode, ou imagina que pode.
A audácia traz em si o gênio, o poder e a magia.
Goethe

Começamos como o Louco, quando damos um passo na direção do precipício, num ato de fé que transcende o espaço, o tempo e todos os limites conhecidos. O Louco é informe, existe num estado de inocência e vulnerabilidade que abarca todas as possibilidades.

Se persistisse na sua insensatez, o louco se tornaria sábio.
William Blake

O Louco é um viajante despreocupado que avança rumo ao desconhecido em busca de sabedoria.

Você deve começar sua aventura sentindo-se relaxado e à vontade. Contemple durante vários minutos a figura do Louco na página anterior. Repare nos pormenores. Deixe a mente divagar e o corpo relaxar enquanto observa a imagem. Agora feche novamente os olhos e permita que a figura surja na sua mente. Concentre-se nela por alguns minutos antes de abrir os olhos.

Assim que se sentir familiarizado com a figura, complete as frases dos exercícios que se seguem o mais espontaneamente possível. Tente não ser lógico e crítico consigo mesmo; deixe as respostas fluírem à medida que vão surgindo, aceitando-as sem questioná-las. Não há respostas certas e erradas.

Diz-se que as imagens oriundas da psique (ou da alma) refletem esta última. Quando permitir que suas respostas aos exercícios subseqüentes surjam espontânea e impulsivamente do seu inconsciente, você será capaz de contemplar partes ocultas de si mesmo.

Só podemos viver uma vida plena quando estamos em harmonia com... os símbolos; a sabedoria é um retorno a eles. Não é uma questão de crença ou de conhecimento, e sim de concordância do nosso pensamento com as imagens primordiais do inconsciente.
Carl Jung

Contemplando...

O Louco

Imagine que você está trilhando o seu caminho. O dia está claro e você se sente alegre, com uma sensação de abertura para o inesperado. Enquanto sobe, avançando na sua trilha estreita e sinuosa, você se detém para apreciar a vista das montanhas que se descortinam abaixo.

Depois de uma curva, você chega a um platô onde a grama é verde e vicejam as flores silvestres. O céu está claro e o sol luminoso aquece suas costas no ar fresco da montanha.

Ao caminhar através da campina, você vê um homem com um cachorro que lhe segue os passos. O homem, que parece vagar sem rumo certo, veste uma camisa de cores vivas e um tanto ou quanto extravagante, tendo um fardo suspenso ao ombro. A imagem de uma águia está bordada na parte de trás do fardo. Embora pareça estar perigosamente perto da borda de um precipício, o homem mostra-se alegremente despreocupado com relação ao rumo que está tomando. Tem-se a impressão de que ele pode deslizar pela borda do abismo a qualquer momento, mas ele parece plenamente confiante.

Quando você se aproxima, percebe que o Louco tem na mão uma rosa branca.

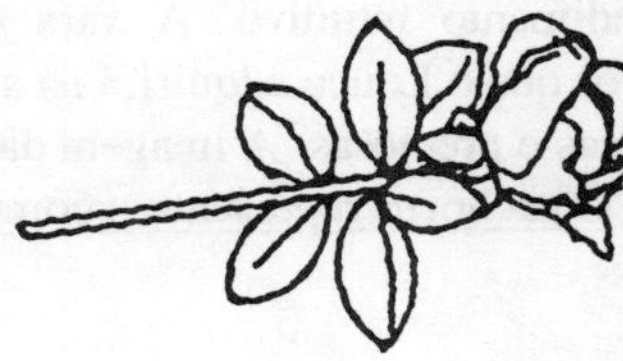

Use a imaginação e escreva a primeira coisa que lhe vem à mente para completar cada uma das seguintes frases:

O sol brilha atrás do Louco, proporcionando-lhe ______________________ na sua jornada.

Ele carrega uma vara sobre o ombro. É o seu ______________________.

O Louco está carregando um fardo com a imagem de uma águia. O fardo contém ______________________

____

____

para ____.

O cachorro que o segue é o seu ______________________.

O Louco está avançando na direção do desconhecido, levando tudo o que irá precisar. Seu

coração está cheio de ______________________.

O Louco diz,

Eu vou ______________________.

Vou tentar ______________________.

Eu posso ______________________.

Tenho medo de ______________________.

Eu tenho ______________________.

O Louco representa você aventurando-se num novo estágio da vida. Essa figura simboliza a aventura e a disponibilidade para novas experiências. O sol representa a força divina onividente, o centro do entendimento intuitivo. A vara é como a varinha mágica, representando os poderes mágicos que o Louco adquirirá na sua jornada. O fardo é o lugar onde se guardam as coisas valiosas e preciosas. A imagem da águia simboliza a libertação do cativeiro, a força e a vitória. O cachorro representa o companheirismo, a fidelidade e a vigilância.

Que é que as suas respostas ao exercício do Louco lhe dizem a respeito dos seus sentimentos quando você começa esta aventura? Veja se consegue descobrir uma relação entre sua resposta à imagem e sua definição.

Como você se sentiu a respeito do sol, ou a energia divina e intuitiva? Você consegue descobrir alguma coisa a respeito dos seus recursos mágicos a partir da sua resposta à vara do Louco? E que dizer do fardo com a imagem de uma águia? Você consegue descobrir alguma coisa a respeito das suas prioridades e valores através do que você disse ser o conteúdo do fardo? O cachorro, ou companheiro fiel, foi uma imagem positiva? Você tem bons sentimentos a respeito de companheiros?

Pense nas suas respostas e no que elas significam para você. Lembre-se de que qualquer resposta que venha de você o reflete de um modo único. Não existe limite para a variedade de escolhas que a pessoa poderia fazer ao preencher as respostas dos exercícios. Suas respostas são particularmente suas, e expressam algo importante a respeito de você.

Você não possui um entendimento claro e lógico de todas as suas respostas. Esta não é a esfera da lógica; você descobrirá tanto a respeito de si mesmo a partir da maneira como se sente a respeito de um exercício quanto a partir do que pensa que ele significa.

Diga para si mesmo:

Existem possibilidades e oportunidades ilimitadas diante de mim. Eu sei que estou seguro, protegido e sou aceito à medida que me aventuro no desconhecido.

Contemplando...

A Rosa Branca

Imagine que está sentado à beira de um riacho tranqüilo num dia claro e sem nuvens. O sol brilha radiosamente. Você tem na mão uma rosa branca e pura. Quando essa imagem se fixar no olho da sua mente, complete as seguintes frases:

A rosa branca é muito ______________________________.

Colocarei esta rosa ______________________________.

Sinto ______________________________ com relação à rosa,

porque ______________________________.

Esta rosa branca me faz lembrar ______________________________.

O sol está ______________________________

e me faz sentir ______________________________.

Ele me transmite a seguinte mensagem: ______________________________.

A rosa branca representa a pureza, a virtude e a espiritualidade. A maneira como você se sente com relação a ela representa o modo como você se sente a respeito da sua própria espiritualidade. As respostas que você deu com relação ao sol indicam seus sentimentos com relação à iluminação e à perfeição. Veja se consegue encontrar uma ligação entre o que você sabe a respeito de si mesmo e as suas respostas. Como estas últimas refletem a maneira como você se sente? Veja se consegue encontrar um significado para as suas respostas em função da sua vida atual.

Suas respostas de hoje podem ser diferentes das de amanhã, dependendo da sua estrutura mental. Algumas vezes suas respostas serão óbvias; outras, poderão não parecer fazer sentido até que você tenha pensado a respeito delas por algum tempo, mas sempre proporcionarão informações interessantes e importantes, e freqüentemente algumas surpresas.

O Começo

Ao iniciar a nossa jornada logo descobriremos que, nas palavras de Mircea Eliade, "Uma mudança de atitude pode ter o efeito de uma profunda regeneração do nosso ser mais profundo." Perceber algo familiar na forma desconhecida de um mito ou símbolo pode fazê-lo tornar-se repentinamente significativo. Para ilustrar esta idéia, Eliade cita uma antiga história judaica a respeito do rabino Eisik, da Cracóvia.[1]

O pobre e piedoso rabino Eisik, filho de Jekel, teve um sonho no qual recebeu instruções para ir a Praga, onde, sob a grande ponte que leva ao palácio real, ele encontraria um tesouro oculto. O sonho repetiu-se três vezes, de modo que o velho rabino resolveu partir para Praga. Ao chegar, encontrou a ponte, mas esta era guardada dia e noite, de modo que Eisik não ousou iniciar suas escavações.

Por fim o capitão da guarda, que o vira rondando a ponte e ouvira sua história, fez-lhe perguntas a respeito dos sonhos e riu com todo o gosto ao ouvir como o pobre rabino gastara os sapatos caminhando até Praga só por causa dos seus sonhos. Disse ao rabino que ele também tivera um sonho, no qual uma voz lhe dissera que fosse até Cracóvia para procurar um grande tesouro na casa de um rabino de nome Eisik, filho de Jekel. O tesouro seria encontrado num canto empoeirado, enterrado atrás da velha estufa. Mas o oficial disse que era um homem inteligente e racional, e que não confiava em sonhos. O rabino agradeceu ao guarda com profunda mesura e apressou-se em voltar para casa. Lá chegando, cavou atrás da velha estufa e encontrou um grande tesouro, que pôs fim à sua pobreza.

Não cessaremos a exploração,
e o final da nossa busca será
chegar ao ponto onde começamos a conhecer
o lugar pela primeira vez.
T. S. Eliot, *Four Quartets*

"Assim", Eliade cita Heinrick Zimmer, "o verdadeiro tesouro, que pode pôr termo à nossa pobreza e a todas as nossas provações, nunca está muito distante. Não é preciso ir buscá-lo num país longínquo. Ele jaz enterrado na parte mais íntima da nossa própria casa (nós mesmos) se soubéssemos ao menos desenterrá-lo.

"E, contudo, existe o fato estranho e persistente segundo o qual é somente depois de uma piedosa jornada a uma região distante, a uma nova terra [como a terra dos sonhos, mitos ou símbolos], que o significado dessa voz interior que orienta a nossa busca pode tornar-se compreensível para nós. E a esse estranho e persistente fato acrescenta-se outro, segundo o qual quem nos revela o significado da nossa misteriosa peregrinação interior deve ser um estranho, de outra crença e de outra raça."[2]

Deus é um círculo cujo centro está em todos os lugares
e cuja circunferência não está em lugar nenhum.
Hermes Trismegistus

O complexo simbolismo deste vaso alquímico representa a jornada do Louco, que viaja desde os níveis inferiores da existência material até a divindade da alma.

Capítulo 2
O Mago

O Mago representa a mente subconsciente na sua forma humanizada. Simboliza a habilidade de empregar as energias da natureza transcendendo o ego.

O Mago nos faz lembrar da nossa capacidade de sobrepujar nossos instintos inferiores e de transformá-los em virtudes: nossa raiva pode tornar-se motivação e energia e a vaidade pode transformar-se em auto-estima. Todos os excessos que nos corrompem a vida podem ser modificados e transformados em bênçãos. O Mago faz milagres diante da ignorância e da escuridão.

O MAGO

O Mago

À medida que avança no seu caminho, você chega a um bosque. Videiras, rosas vermelhas e lírios brancos crescem por toda parte. Você repara numa mesa quadrada de madeira debaixo de uma árvore. Sobre ela encontram-se vários objetos curiosos: um cálice, uma espada, uma vara e uma moeda.

O Mago está de pé diante da mesa. Parece preocupado; toda a sua atenção se concentra no que está fazendo. Na mão direita ele segura um pequeno cajado, e sua mão esquerda aponta para a terra.

A mesa do Mago contém os símbolos dos elementos vitais: a terra, o ar, o fogo e a água.

Rosas vermelhas crescem ao lado do Mago porque ______________________________.

Os lírios brancos se destinam a ______________________________________.

O Mago diz:

Posso ser o seu ____.

Vou ajudá-lo ____.

Estou aqui para ____.

Tenho o poder de ____.

Eu sempre ____.

Agora o Mago se volta para você com sua vara e diz:

A mensagem para você é que __________________________________.

A rosa vermelha representa a paixão terrena e a fertilidade. O lírio é considerado a contraparte do lótus no Oriente. Representa a pureza, a beleza e a perfeição feminina.

O que suas respostas revelam sobre os seus sentimentos a respeito da paixão, da pureza e do impulso feminino? Se você sentiu, por exemplo, que as rosas cresceram por causa do poder do Mago, talvez você ache que a paixão gera o poder.

O Mago representa os recursos que você possui e que estão além das suas habilidades físicas habituais. Você pode decifrar a natureza dessas faculdades especiais por meio da mensagem que o Mago tem para você. Trata-se de uma mensagem a respeito dos seus dons mágicos ou espirituais.

Diga para si mesmo:

Tenho uma nítida compreensão de quem eu sou. Minha base é forte e controlo a mim mesmo e à minha vida. Uso o meu poder para transmutar os impulsos inferiores em bênçãos.

Pense agora a respeito de si mesmo e de quem você é. E pense sobre o que você quer. Feche os olhos e encontre o seu centro. Ligue o seu centro ao centro da Terra.

Contemplando...

Os Elementos

Imagine que está vendo uma velha mesa escondida por trás de densas videiras. Vários objetos estão sobre a mesa. Um deles é uma moeda antiga.

De onde ela veio? ______________________________.

Como você se sente a respeito dela? ______________________________.

Ao lado da moeda está uma vara. De onde ela veio? ______________________________.

Como você se sente a respeito dela? ______________________________.

Também há uma velha espada. De onde ela veio? ______________________________.

Como você se sente a respeito dela? ______________________________.

Você também vê um cálice. De onde ele veio? ______________________________.

Como você se sente com relação a ele? ______________________________.

A moeda representa a terra. É o fundamento da vida material. A vara representa o ar. É o primeiro elemento, o poder mágico e a liberdade. A espada é o fogo, que representa o poder. O cálice é a água, a origem da vida.

Veja se consegue descobrir uma relação entre cada símbolo e a resposta que você deu. Algum dos objetos era mais atraente do que os outros? Você teve sentimentos negativos com relação a algum dos elementos? Teve alguma reação extremamente positiva? Pense no que talvez possa aprender a respeito de si mesmo a partir das respostas.

O Guardião do Espírito

O Mago transpõe as fronteiras da Terra buscando transcender a natureza humana.

O Mago representa a nossa faculdade de possuir os dons e os poderes do espírito. No seu papel de guardião do espírito, sua capacidade transcende a natureza humana corriqueira, assim como a vulnerabilidade do ego. Ele vive num mundo de milagres além de toda lógica. Ergue uma das mãos na direção do céu, de onde extrai o seu poder. Aponta a outra mão para a terra, onde usará o seu poder. Desse modo, o Mago une o mundo do espírito ao mundo da natureza.

O Mago representa a mente subconsciente na sua forma humanizada. Representa a busca espiritual graças à qual é capaz de conquistar as primitivas forças internas das trevas. Por exemplo, os sete pecados mortais (a ira, a avareza, a inveja, a gula, o orgulho, a luxúria e a preguiça) são forças que nos podem acorrentar ao ego, à terra e ao mundo material. O Mago representa a nossa capacidade de transformar essas forças em vantagens ao controlarmos os nossos impulsos, equilibrando-os com a energia positiva. Podemos assim libertar-nos da atração inferior da natureza humana e transcender as nossas limitações.

O Mago é capaz de produzir um milagre, um evento que ultrapassa a lógica e sobrepuja as limitações naturais da vida.

Buda nos diz que o mago "desfruta de um maravilhoso poder nas suas diferentes modalidades:
sendo um, ele se torna vários; tendo-se tornado vários, torna-se novamente um;
torna-se visível ou invisível, passa, sem sentir nenhuma resistência,
através de uma parede, de um parapeito elevado ou de uma montanha
como se fossem feitos de ar; mergulha das alturas e atravessa a terra sólida
como se esta fosse água; caminha sobre a água sem afundar,
como se estivesse em terra firme..."
Mircea Eliade[3]

Em diferentes culturas ao redor do mundo, o xamã ou curandeiro possui poderes assombrosos, como a capacidade de caminhar sobre brasas e suportar o frio intenso. Essas habilidades transcendem aquilo que acreditamos estar dentro da capacidade humana comum e, contudo, são executadas por seres humanos que foram treinados nas tradições místicas.

Que significado podem ter para nós os poderes do Mago? Procuremos a resposta, com a mente aberta, nas misteriosas profundezas da vida que há muito negligenciamos, por causa do nosso entusiasmo excessivo pelo mundo material.

O Mago é capaz de produzir um milagre, um evento que ultrapassa as limitações naturais da vida.

Empregando a Mitologia para Descobrir os Poderes Mágicos do Mundo Interior

A função dos mitos e da imaginação, as qualidades da vida interior que nos podem conduzir a diferentes tipos de iluminação não podem ser demonstradas por meio de fatos observáveis. Estes são os meios pelos quais podemos conhecer as transformações pessoais, que só podem ocorrer dentro de nós mesmos.

> *O mito é a abertura secreta através da qual as inexauríveis energias do cosmos penetram nas manifestações culturais humanas. As religiões, filosofias, artes e formas sociais do homem primitivo e histórico, descobertas fundamentais da ciência e da tecnologia e os próprios sonhos que nos povoam o sono surgem do círculo básico e mágico do mito.*
>
> Joseph Campbell[4]

As imagens da mitologia são comuns a toda a humanidade. De acordo com Carl Jung, elas são instintivas; vêm de dentro de nós, independentemente do nosso ambiente ou das nossas experiências. Os mitos são formados por arquétipos, ou modelos, universais. Esses arquétipos são os mesmos em qualquer lugar do mundo. Os pormenores variam em função das diferentes culturas, dependendo da localização geográfica, do clima, da raça e de outras características, mas as formas e idéias fundamentais são as mesmas.

Jung investigou e interpretou esses arquétipos universais no seu estudo de psicologia, denominando-os arquétipos do inconsciente coletivo. Ele descobriu que todas as pessoas usam as mesmas imagens para descrever as mesmas experiências e sentimentos. Por exemplo, em praticamente todas as culturas e em todos os tempos, a árvore sempre representou a união do céu e da terra.

O objetivo da mitologia é explicar o mundo, tornar a experiência inteligível e conferir-lhe significado. O mito serve de espelho para a nossa vida interior. Tal é a função e o significado das mitologias do mundo. Elas refletem a experiência interior das pessoas que as criaram.

Podemos usar os mitos e as imagens para examinar a nossa vida e tentar compreendê-la; podemos olhar para o espelho da mitologia a fim de encontrar nossos reflexos interiores. Do começo ao fim deste livro são usados mitos (e seus equivalentes domésti-

O espelho foi usado como um símbolo da busca da verdade na história de Branca de Neve.

cos, os contos de fadas e o folclore) para iluminar aspectos particulares da vida humana num nível psicológico. Esses mitos e contos revelarão à nossa consciência a atividade do eu interior ou psique.

Ao ler sobre esses mitos e esses contos de fadas, tente compreendê-los em função das suas experiências emocionais. Você pode, por exemplo, ver-se como Ísis (veja Capítulo 3), tentando reunir fragmentos de experiências e informações para recriar alguma coisa (Osíris), desenvolver uma idéia ou completar um projeto, como quando Ísis deu à luz o filho Hórus.

Ao examinarmos a nossa vida e a nós mesmos através do espelho da mitologia, podemos perceber coisas que de outro modo estão excessivamente próximas ou vinculadas a nós para que possamos reconhecê-las. Podemos avaliar nossas situações e seu contexto a partir de um ponto de vista desprendido, quase impessoal, quando as encontramos sob a forma de uma fábula ou conto de fadas. Podemos assim alcançar uma perspectiva que nos proporcionará novas respostas e percepções intuitivas diante das questões da vida real.

O tema da redenção pelo amor pode ser encontrado na história do príncipe-sapo.

Ao deparar com um mito ou fábula, leia-o e depois pare um pouco para analisar de que modo ele poderá servir de metáfora para explicar uma situação ou condição da sua vida. Examine o mito. Quais eram os obstáculos enfrentados pelo protagonista? Quem era o antagonista? Como foi a tarefa ou situação finalmente resolvida? Qual a contribuição do herói depois de voltar da aventura? Examine o mito procurando os segredos que ele lhe pode revelar a respeito da sua situação particular. Que obstáculos você está enfrentando? Quem ou o que é o seu inimigo? Qual é a solução? O que você pode ganhar e dar aos outros como resultado da sua experiência?

As imagens dos mitos são sombras vindas das profundezas. Os mitos podem orientar-nos a mente e o coração para os mistérios de toda a existência. Dentro de cada mito ou conto de fadas existe uma metáfora para as experiências pelas quais todos passamos. Os mitos podem orientar-nos quando estamos perdidos ou desorientados; podem ajudar-nos a compreender a nós mesmos e definir que partes do nosso ser estão em conflito.

Existe, procedente de Dahomey, na África, um exemplo de uma técnica semelhante a este emprego dos mitos para a iluminação de si mesmo. Uma pessoa que tem um problema visita um feiticeiro que "traça o Fá", ou lança caroços de tâmara para determinar qual dos deuses tem a supremacia na situação. Cada deus está associado a um mito, que é examinado pelo consulente buscando sua importância no problema. O mito, portanto, sugere uma orientação à pessoa em busca de conselho. Desse modo, a pessoa se vê livre da incerteza e é capaz de tomar uma decisão quanto ao caminho a ser seguido.[5]

A Jornada do Herói

Compreender um mito e relacionar-se com ele de uma forma significativa é redescobrir o desconhecido – a magia da vida. Você pode fazer isso procurando o significado intrínseco que um mito tem para você. Pode começar esse processo reconhecendo que a jornada do herói é, na verdade, a jornada da sua própria psique.

Todos os mitos parecem seguir um modelo ou forma universal, com infinitas variações segundo a época, o lugar e o narrador da história. De modo geral, os mitos falam da senda do herói. Este passa por uma experiência de separação do mundo avançando rumo à experiência da iniciação, na qual ele ou ela assimila os poderes na sua própria origem. O herói se afasta do mundo comum cotidiano e penetra numa região onde reina o sobrenatural, onde se encontram forças estranhas. Num embate com o adversário, o herói conquista uma vitória decisiva, retornando depois com o poder de conferir ao mundo os benefícios da sua aventura.

O caminho que este livro percorrerá, guiando-nos na jornada interior, é o mesmo caminho trilhado pelo herói de um mito ou conto popular.

O herói parte para
a aventura da alma.

Fundamentalmente, o herói abandona o ponto de origem para empreender uma aventura da alma. Esta última pode começar com uma batalha, um rapto, ou uma crucificação; ou então o herói poderá partir para o mar da noite ou adentrar a barriga de uma baleia. Nesse ponto, a psique do herói se fragmenta e ele se sente perdido e confuso. Depois de várias provas, e quase sempre com o auxílio de assistentes mágicos, o herói emerge vitorioso: completa a sua tarefa, desvenda um segredo, encontra um objeto perdido ou participa de um matrimônio sagrado. O herói escapa então do mundo subterrâneo, da floresta mágica ou do castelo encantado e é ressuscitado ou salvo para trazer ao mundo a luz haurida na escuridão. No conto de fadas, os triunfos do herói são domésticos. No mito, toda a sociedade se regenera e a história do mundo é afetada.

A jornada do herói corresponde à natureza de toda a vida, ao ciclo da história e da maturidade individual. Todas as coisas e seres do mundo provêm de uma fonte original. Eles crescem e experimentam a expressão do seu poder, voltando depois para o estado original de onde vieram. Sob o aspecto científico, esta é a lei da conservação da energia. Sob o prisma religioso, trata-se da lei de Deus. É a lei do cosmos e a natureza da existência.

O herói é sempre encontrado dentro de nós mesmos. As aventuras do herói são as da nossa psique quando ela se aventura nas profundezas para combater as forças subterrâneas e depois retornar renovada e vitoriosa.

Vivemos essa aventura todos os dias num nível mais mundano, começando com o estado de vigília, onde toda realidade é factual. Depois, num estado meditativo ou em sonho, a essência da realidade se altera e a experiência assume novos significados. É o nível do inconsciente, no qual podemos encontrar novas respostas e onde nascem novas idéias. Depois, mais uma vez, a psique retorna ao estado temporal, totalmente desperto. Tal é a aventura que cada um de nós empreende todas as noites quando adormecemos e mergulhamos nos sonhos para resolver as questões da psique, onde se diz repousar a divindade. A seguir, acordamos uma vez mais, talvez para trazer à tona um renovado entendimento e percepções intuitivas.

Esta figura alquímica da armadura do herói mostra os símbolos da sua jornada.

Revisão da 1ª Etapa

Na 1ª Etapa, você, o herói, encontrou o Louco e o Mago. O propósito deles foi ajudá-lo a avaliar os seus sentimentos e a sua situação quando você inicia um novo ciclo na sua vida. Escreva um breve resumo do que você experimentou neste ponto inicial da sua busca.

Descreva os sentimentos e percepções intuitivas mais importantes que você obteve nas suas viagens através do nascimento, o primeiro estágio da sua jornada.

2ª Etapa
A Iniciação

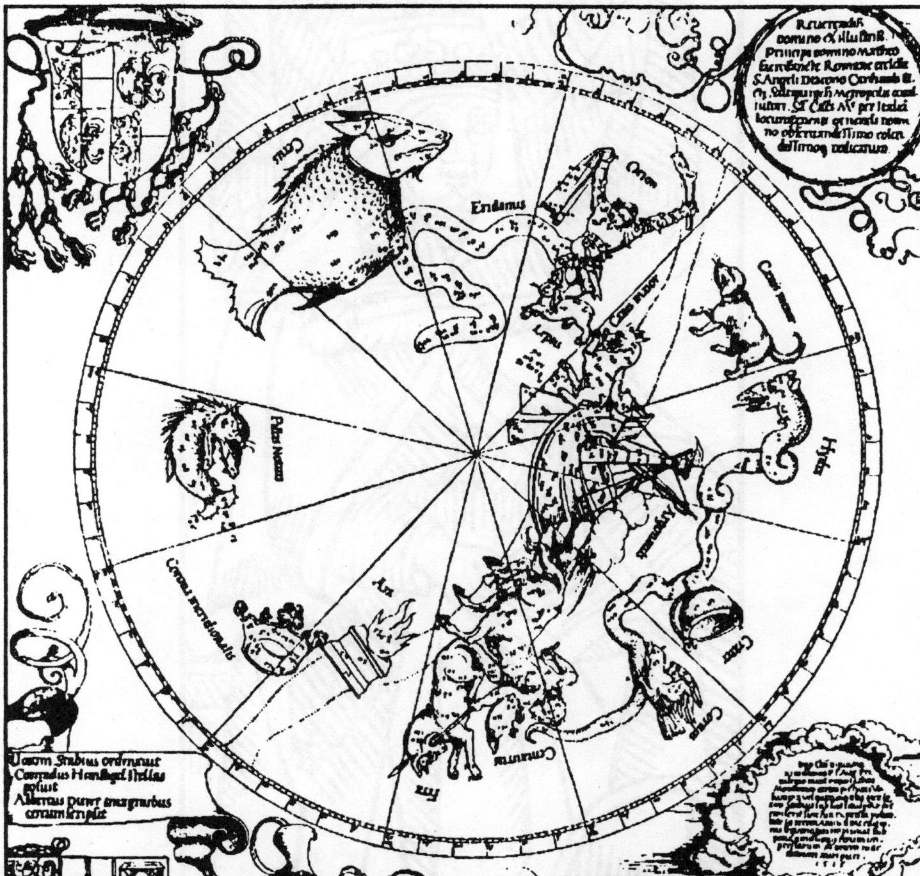

É chegada a hora da sua iniciação. Em breve você encontrará quatro sábios: a Grande Sacerdotisa, a Imperatriz, o Imperador e o Hierofante. Eles lhe oferecerão os benefícios de uma grande sabedoria.

Capítulo 3
A Grande Sacerdotisa

A Grande Sacerdotisa é filha da lua. Ela se senta entre os pilares branco e preto dos princípios ativo e passivo, dos estados masculino e feminino. Tem no colo o livro da lei divina.

A Grande Sacerdotisa

Você chegou ao templo da Grande Sacerdotisa. Ela está sentada num bosque com um livro no colo. Está diante de um véu entre um pilar preto e um branco. Você precisa erguer o véu e passar entre os dois pilares.

O ar está fresco. Além do bosquete, o vento sopra suavemente sobre um alto milharal. Do lado de dentro, você vê a Grande Sacerdotisa, que parece contemplar profundamente a sua alma enquanto você lhe adentra o templo. Ela aparenta ser ao mesmo tempo antiga e intemporal. Ela o cumprimenta, e você sente imediatamente que você e ela já se conhecem há muito, muito tempo.

Ela lhe diz que suas tarefas serão aprender a distinguir o verdadeiro do falso, a ouvir o som do silêncio e a ver o invisível. A Grande Sacerdotisa lhe diz: "Dentro de você está a chave e aí todos os mistérios se esclarecerão."

A terra da psique encontra-se entre os dois pilares, onde podemos alcançar a transcendência.

A Grande Sacerdotisa diz:

Estou aqui para ____.

Sempre posso ____.

Lembro-me do seu ____.

Sei que você ____.

Eu quero ____.

Ela lhe dará o conhecimento de ______________________________.

Ela fará com que você se lembre de ____________________________.

A Grande Sacerdotisa lhe diz:

A harmonia, o equilíbrio e a integração virão através de ____________

____

____

____

____.

O símbolo da Grande Sacerdotisa representa a mente subconsciente no seu estado puro. Ela é *yin* – o estado mental submisso, delicado, receptivo, tolerante, piedoso e recolhido. A mente subconsciente pode apreender fragmentos esparsos de idéias e moldá-los em novas idéias, prontas para renascer na qualidade de percepções intuitivas e inspirações.

Suas respostas ao exercício da Grande Sacerdotisa lhe fornecerão um conhecimento original do seu interior.

A Grande Sacerdotisa representa a mente subconsciente em seu estado puro.

Diga para si mesmo:
Todo o conhecimento e entendimento estão ao meu alcance
quando perscruto a mim mesmo.

A Mensagem

A Grande Sacerdotisa tem uma mensagem para você. Ela quer que você saiba que ________

____.

Ela tem um presente para você. É ____.

Esta é uma mensagem de você para a sua mente subconsciente e é uma indicação da natureza dos seus dons inatos.

Como você se sente em relação a esses dons? ____________________________

____.

O que vai fazer com eles? ____

____.

Os Dois Pilares

A Grande Sacerdotisa sugere que você examine mais atentamente os dois pilares à entrada do seu bosquete. Um dos pilares é preto, o outro, branco.

Há uma mensagem para você no pilar preto. Ela diz: ______________________________

____.

Há uma mensagem no pilar branco. Ela diz: ______________________________

____.

Você caminha entre os dois pilares. Você sente ______________________________

____.

Depois de passar pelos pilares, você descobre ______________________________

____.

Os dois pilares representam o aspecto dual da vida. O pilar preto é o lado feminino e inconsciente; o pilar branco representa o mundo masculino e material. Caminhar entre os pilares significa penetrar no mundo da psique.

Este exercício lhe proporcionará algumas percepções intuitivas a respeito desses dois lados que você possui. Ele lhe dirá como você se sente ao penetrar num novo nível de autoconsciência. O que você encontra do outro lado dos pilares é uma metáfora do que encontrará no seu subconsciente.

Contemplando...

O Pergaminho

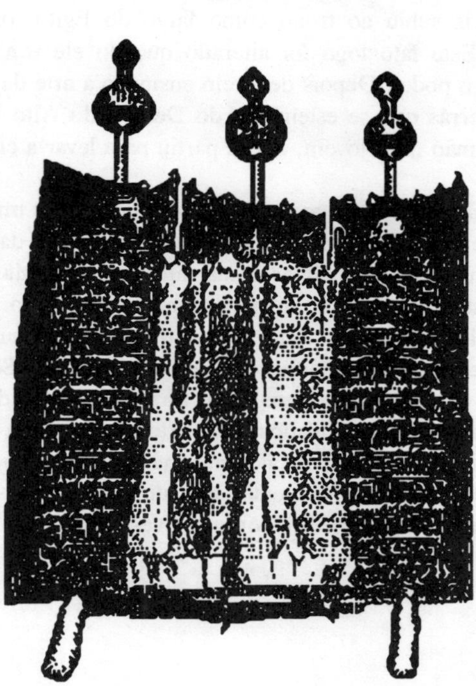

Imagine que deparou com um antigo pergaminho no templo da Grande Sacerdotisa. Nele há uma mensagem para você. Feche os olhos e leia a mensagem.

Ela diz: ____

____

____

____.

O pergaminho representa o Livro da Vida. Este exercício lhe dará uma idéia do que o seu livro da vida contém neste ponto da sua jornada.

O símbolo da Grande Sacerdotisa pode ser descrito em função do mito de Ísis e Osíris, narrado a seguir.

O Mito de Ísis e Osíris

Quando Osíris subiu ao trono como faraó do Egito, os egípcios eram muito belicosos. Este fato logo foi alterado quando ele e a rainha, sua irmã Ísis, assumiram o poder. Depois de terem ensinado a arte da paz e da civilização ao povo das terras que se estendiam do Delta e do Alto Egito até Tebas, Osíris deixou no governo seu irmão mais jovem, Set, e partiu para levar a civilização aos povos das terras mais distantes.

Ao partir, Osíris não levou consigo um exército, mas apenas um grupo de sacerdotes e músicos. Aonde quer que fosse, a maioria dos bárbaros, até mesmo das tribos mais selvagens, eram conquistados por suas palavras sábias e sua música suave. Mas nem todas as pessoas seguiam Osíris. O mal estava em ação no mundo, combatendo o bem. O líder do mal era Set.

Tão logo Osíris voltou para casa, Set ofereceu uma festa em sua honra. Osíris, que de nada suspeitava, compareceu desacompanhado. Depois da refeição, Set fez com que um belo baú de cedro incrustado de pedras preciosas fosse trazido ao salão de banquetes. Set disse: "Eis o meu presente para um dos convidados. Ele pertencerá a quem nele couber."

Todos os convidados tentaram entrar no baú, mas este era alto ou baixo demais, largo ou estreito demais para eles. Osíris entrou então no baú, cujas dimensões eram perfeitas para o seu corpo. Osíris gritou: "O baú é meu! É como se tivesse sido feito sob medida para mim!"

Ísis, a deusa-mãe egípcia.

"De fato ele é seu", respondeu Set. "É o baú no qual você vai morrer." Dito isto, fechou ruidosamente a tampa e ordenou que a prendessem com pregos e a lacrassem com chumbo derretido. Depois disto, lançou-o ao Nilo.

Enquanto o baú flutuava pelo rio, uma grande onda arremessou-o na direção de uma tamargueira. A árvore fechou rapidamente os seus galhos ao redor do baú até que este ficou completamente escondido dentro do seu tronco.

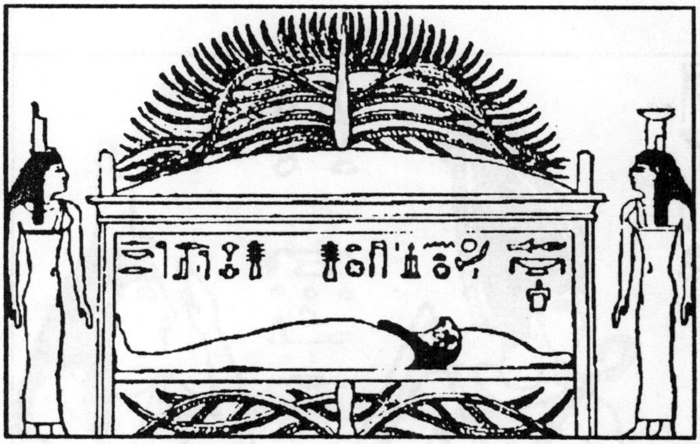

Osíris foi encerrado no baú por seu irmão.

Depois de uma busca de muitos anos, Ísis finalmente encontrou a árvore que guardava o baú. Os governantes daquela terra, a rainha Astarte e o rei Malcander, concordaram em conceder a Ísis um favor em troca das suas bênçãos, e ela pediu a eles que lhe dessem de presente a tamargueira. Quando o presente lhe foi dado, Ísis colocou o esquife num barco e partiu. Por fim chegou a uma ilha, onde escondeu o baú nos juncais do delta até que pudesse executar os ritos fúnebres.

Set descobriu o baú. Enfurecido, agarrou o corpo do seu irmão assassinado e dilacerou-o em sete pedaços, que espalhou pela terra do Egito. "Agora destruí Osíris e mantive seu espírito afastado da vida após a morte", gritou ele.

Quando Set partiu, Ísis saiu furtivamente do seu esconderijo e partiu em busca dos pedaços do marido. A dor que sentia ao percorrer o Nilo de alto a baixo era tão grande que até os crocodilos sentiram pena dela e a deixaram passar.

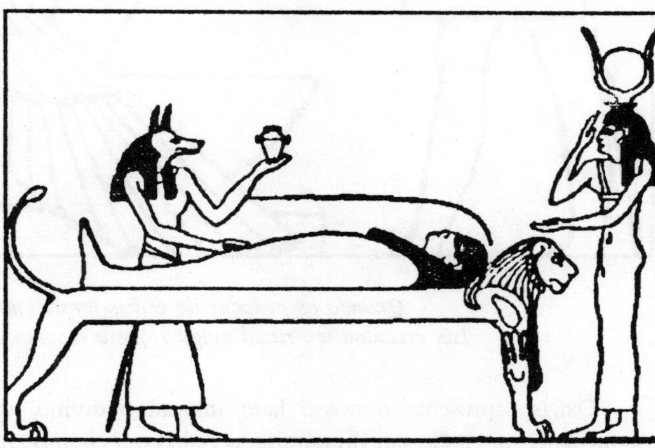

Ísis e Anúbis (que assumiu a forma de um cão selvagem) encontraram os pedaços para recompor o corpo de Osíris.

Com a ajuda de Anúbis, filho de Set e Néftis, que assumiu a forma de um cão selvagem para ajudar na busca, Ísis conseguiu encontrar todos os pedaços do corpo, com exceção de um. Ísis executou um ritual mágico para recompor o corpo de Osíris e trazê-lo de volta à vida.

Mais tarde, ela e Osíris tiveram um filho que chamaram de Hórus.

Quando Osíris finalmente morreu, seu espírito passou ao Duat, onde ele se tornou Rei dos Mortos, dando as boas-vindas a todos os que eram considerados dignos de entrar no seu reino e incorporando-os ao seu exército de abençoados, com quem iria retornar para reinar na terra depois da última grande batalha com Set.

Quando os pedaços de Osíris foram encontrados,
Ísis executou um ritual mágico que o recompôs e o reanimou.

Osíris representa o nosso lado imortal e divino, que não pode ser destruído ou conquistado, que pode sair do esquife lacrado com chumbo derretido e sobreviver à fragmentação e à mutilação.

Considere a sua vida em função do complexo simbolismo deste mito. Você já se sentiu perseguido por impulsos bélicos? Está recolhendo fragmentos de idéias e informações para reuni-los sob a forma de uma nova concepção? Ou estão as partes do seu eu e da sua vida de tal modo fragmentadas que nada parece assumir uma forma ou fazer sentido? O mito de Ísis nos diz que sempre podemos voltar, recolher os pedaços, juntá-los e seguir avante para criar algo novo e maravilhoso.

Contemplando...

A Caixa

Imagine que você está dentro de uma caixa. Qual a aparência da caixa?

____.

De que ela é feita? ______________________________.

Qual a sua cor? _________________________________.

Descreva a caixa. _______________________________.

Como você se sente dentro dessa caixa? ______________

____.

Você pode sair? Como? ___________________________.

Você quer sair? _________________________________.

Você vai sair? Quando? Por quê? __________________

____.

A caixa é o símbolo do corpo material (que contém o inconsciente). Freqüentemente, ela lhe dará uma noção da sua estrutura mental atual.

De que é feita a sua caixa? Ela lhe parece ameaçadora ou confortável? Procure o simbolismo para a cor da sua caixa no índice de cores no final do livro.

Como você se sentiu na caixa? Como isso se relaciona com a maneira como você está se sentindo a respeito da sua vida? Você se sentiu aprisionado? Conseguiu sair? (Caso não tenha conseguido, feche os olhos e imagine uma maneira de sair. Você pode abrir uma porta ou construir alguns degraus.)

Suas Sete Partes

Imagine que você está dividido em sete partes. Como seriam elas?

Relacione essas partes e descreva-as:

1. ____

____.

2. ____

____.

3. ____

____.

4. ____

____.

5. ____

____.

6. ____

____.

7. ____

____.

Se uma parte estivesse faltando, qual seria? ______________________.

Onde você poderia encontrá-la? ______________________.

> Somos compostos de muitos aspectos diferentes e, algumas vezes, como Osíris, podemos dispersar-nos. Este exercício irá ajudá-lo a aclarar sua idéia a respeito de quem você é e de como integrar suas diferentes facetas.

Contemplando...

O Facilitador

Este é um exercício que irá ajudá-lo a desenvolver os poderes da sua mente interior para solucionar problemas e obter percepções intuitivas, reunindo num todo os fragmentos das suas idéias e experiências.

Relate por escrito um problema ou situação que o venha incomodando. Imagine que existe uma pessoa ou um ser mítico capaz de lhe fornecer a solução perfeita para o problema ou situação.

Qual o nome desse ser? ____________________.

Como é a sua aparência? ____________________.

O que ele ou ela está vestindo? ____________________.

Descreva esse ser o mais completamente possível. ____________________

____

____________________.

Agora pergunte qual a solução para o seu problema. Qual é a solução? ____________________

____________________.

Qual o conselho que o facilitador lhe oferece com relação à melhor maneira de prosseguir?

____

____________________.

O anjo com uma grinalda é um símbolo de vitória.

Sempre que deparar com um dilema difícil, use a imagem do facilitador para encontrar respostas e descobrir soluções.

Há outro aspecto do simbolismo da Grande Sacerdotisa que pode ser encontrado no seguinte conto popular.

A História do Hedley Kow

Era uma vez uma velha que vivia na orla da floresta. Ganhava a vida levando mensagens e fazendo trabalhos peculiares para os fazendeiros e aldeões das redondezas. Em geral, só tinha dinheiro para comprar um pedaço de pão e um pouco de queijo para o jantar, mas era de espírito alegre e despreocupado. Todos os dias ela se levantava cedo para juntar cones e galhos de pinheiros para o seu fogo noturno. Partia então em busca de trabalho. Sua cabana era pobre e velha, mas a mulher não se importava; estava satisfeita com a vida que levava.

As esposas dos fazendeiros faziam tudo para que a velha estivesse no caminho de casa muito antes do anoitecer, pois dizia-se que à noite o Hedley Kow, um duende, assombrava as estradas. Todos os aldeões tinham medo dele. Ele era capaz de mudar de forma e assustar enormemente as pessoas. Gostava de persegui-las até em casa, pregando-lhes peças maldosas.

Certo dia de verão, ao cair da tarde, a velha ainda estava na estrada e se apressava para chegar à casa. Ao lado da estrada viu um grande pote negro. Perguntou-se quem teria deixado ali um pote tão bonito e aproximou-se para examiná-lo. "Talvez esteja furado e alguém o tenha jogado fora, mas eu poderia descobrir uma maneira de usá-lo", pensou, ao mesmo tempo que olhava para dentro do recipiente.

"Céus!", exclamou ao espiar dentro do pote. "Está cheio de moedas de ouro!" Por um instante ficou simplesmente parada, contemplando o fulgor e o brilho do seu tesouro. "Sou uma pessoa de muita sorte", disse de si para si, e tentou levantar o pote para verificar-lhe o peso. Chegou à conclusão de que a única maneira de carregar tão pesado fardo seria prender nele uma das pontas do seu xale e arrastá-lo pela estrada. "Posso pensar durante toda a noite sobre o que vou fazer com o meu tesouro enquanto o arrasto para a minha casa", pensou a velha, enquanto puxava o pote.

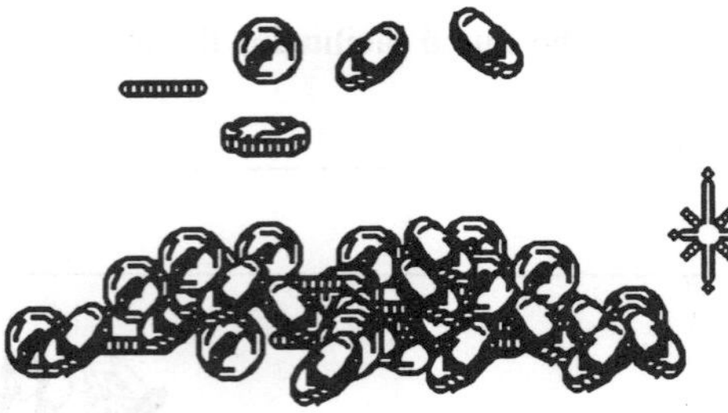

"Eu poderia comprar uma casa enorme ou conservar algumas moedas de ouro sobre o console da lareira. Eu poderia enterrar o tesouro no fundo do jardim." Nesta altura, cansada de arrastar o pote, a mulher parou um pouco para descansar.

Quando espiou dentro do pote para contemplar seu tesouro, não viu ouro algum. Em seu lugar havia um bloco reluzente de prata.

"Eu poderia ter jurado que havia ouro neste pote quando o encontrei, mas devo ter estado sonhando", pensou a velha. "Bem, talvez seja melhor assim. É difícil guardar em segurança peças de ouro. É mais fácil conservar este bloco de prata, e ainda sou uma mulher rica. Ah,

A velha arrastou o pesado pote pela estrada.

como tenho sorte!" E assim a velha senhora continuou a arrastar o pote para casa, pensando alegremente em todas as coisas que poderia fazer com o seu bloco de prata.

Não passou muito tempo e ela ficou novamente cansada, de modo que mais uma vez parou para repousar. Tornou a examinar o interior do pote para contemplar o seu tesouro. Desta feita, ficou assombrada ao descobrir que a prata havia desaparecido e que em seu lugar havia um bloco de chumbo.

"Misericórdia!", exclamou a velha. Depois de refletir por alguns instantes, disse para si mesma: "Bem, até que continuo tendo bastante sorte. Não terei dificuldade em vender este pedaço de chumbo e receberei por ele muitas moedas! Agora não vou mais precisar ficar acordada à noite, preocupada com a possibilidade de roubarem o meu ouro ou a minha prata."

A velha continuou sua lenta jornada pela estrada, arrastando o pote atrás de si e regozijando-se com sua sorte. Logo parou de novo para descansar. Desta feita, ao examinar o pote, descobriu que o bloco de chumbo havia desaparecido e em seu lugar havia uma grande pedra.

"Céus!", exclamou novamente a velha. Depois de um momento, disse para si mesma: "Sou de fato uma pessoa de muita sorte! Este é exatamente o tamanho da pedra que tenho procurado para manter minha porta aberta enquanto trago lenha para a minha lareira. Sou uma mulher de muita sorte!"

E assim ela foi arrastando o seu pote estrada afora, pensando em como a pedra funcionaria bem como encosto de porta. Quando finalmente chegou à sua cabana, vergou as costas enrijecidas para apanhar a pedra quando esta, de repente, deu um grito! Braços, pernas e grandes orelhas surgiram enquanto uma criatura emergia do pote, rindo e apontando-lhe o dedo, fazendo caretas para ela e dançando em volta da pequena sala.

A velha contemplou estupefata a criatura.

"Bem, bem!", exclamou. "Sou realmente a mulher mais feliz do mundo! Imagine só, o Hedley Kow na minha casa!"

O homenzinho parou o que estava fazendo.

"Você está querendo dizer que não está com medo do Hedley Kow?", perguntou ele.

"Oh não, não tenho medo de você!", retrucou a velha. "É muito difícil alguém con-

O Hedley Kow emergiu do pote, apontando o dedo e fazendo caretas para a velha.

seguir vê-lo e, além disso, você não me fez nenhum mal." Agasalhou-se mais no xale e acenou com a cabeça. "Boa noite!", disse, e dirigiu-se à lareira para preparar o chá.

O homenzinho deu meia-volta desanimado, coçando a barba branca, enquanto saía pela porta.

"Espere", gritou-lhe a velha quando ele saía. "Não tenho muita coisa, mas será um prazer dividir com você um pouco de pão e queijo e uma xícara de chá quente, se você quiser me fazer companhia para o jantar."

Quando os dois se sentaram para comer, a pequena fatia de queijo transformou-se num grande pedaço, e frutas frescas e uma bisnaga de pão doce de centeio surgiram sobre a mesa. Os dois compartilharam uma alegre refeição. Depois de se fartarem, sentaram-se confortavelmente perto da lareira. O Hedley Kow distraiu a velha com histórias das suas diabruras e aventuras até que ela riu tanto que lágrimas começaram a correr-lhe pelo rosto.

"Nunca havia passado uma noite tão agradável", disse ela.

Depois desse dia, o Hedley Kow passou a visitar assiduamente a velha e jantar com ela. E esta descobriu que sua pilha de lenha estava sempre alta e sua despensa jamais se esvaziava. Prudentemente, nunca disse nada a seus vizinhos a respeito do novo amigo. Quando os aldeões amaldiçoavam o Hedley Kow pelas suas diabruras, a velha limitava-se a dizer:

"Ora, ele não é tão mau assim; só gosta de fazer umas travessuras de vez em quando."

Nesta história, a velha não tinha medo do lado oculto da sua psique, ou do seu eu inconsciente, que é representado pelo conteúdo do pote e pelo duende. Em vez disso, confiava e era receptiva a tudo o que surgia, sem julgar seu aparente valor material, mas aceitando-o pelo seu próprio mérito. Por isso, todas as suas necessidades eram satisfeitas e ela se sentia contente e feliz, vivendo em harmonia com os mundos interior e exterior, os pilares branco e preto da Grande Sacerdotisa – ou, neste caso, o Hedley Kow e os aldeões.

Reflexões...

As Esferas do Inconsciente

O simbolismo da Grande Sacerdotisa nos revela que, ao examinar a nossa vida em função das nossas necessidades interiores, podemos levar em consideração as dimensões simbólicas da nossa mente.

Agora que os neurofisiologistas descobriram que o hemisfério direito do cérebro está predisposto a pensar de forma intuitiva, espontânea e sensorial, tornamo-nos mais capazes de aceitar a autenticidade desse tipo de processo. Tendo estabelecido que metade do cérebro pensa através de metáforas e de símbolos, estamos livres para reconhecer a existência daquele mundo no qual a poesia, a música, a arte e os sentimentos são mais importantes do que o dinheiro e as máquinas.

Nos próximos capítulos, vamos explorar vários métodos de entrar em contato com os processos do hemisfério direito. Podemos transcender as nossas limitações e alcançar dimensões que nos ligam ao cosmos, à essência da vida, que os místicos orientais e os espiritualistas ocidentais sempre conheceram, onde o cósmico e o humano se tornam um só.

No passado, os mitos tinham o papel que os conselheiros, terapeutas e psicólogos ou psiquiatras desempenham hoje, ajudando-nos a compreender quem somos e como vivemos a nossa vida. Seremos capazes de alcançar uma consciência de significação e totalidade quando aprendermos a unir os dois lados do cérebro num equilíbrio harmonioso.

O papel da psicologia é servir ao homem moderno até que surja um novo ponto de vista que nos ajude a encontrar em nossa vida um significado verossímil e suscetível de ser vivido, pois ela perdeu o senso de significação.

Otto Rank

A Grande Sacerdotisa representa o processo, de há muito adormecido, da parte criativa, idealista e poética do eu. É o domínio do artista e do poeta, o lado que negligenciamos. E, contudo, esses são os atributos que nos podem levar a descobrir um senso de propósito e realização. A mensagem da Grande Sacerdotisa é que precisamos redescobrir a nossa faculdade de sonhar e sentir. Os dois pilares representam o umbral da psique, cuja linguagem não é formada por palavras. Ela fala por meio de imagens, metáforas e sonhos. Para podermos escutar a nossa sabedoria interior, precisamos descobrir e compreender essas imagens, que estão carregadas de significado. Tal é o significado que nos traz orientação, contentamento e realização.

Alfred Adler afirmou que sabemos mais do que compreendemos. Nosso poder de pensar e analisar fica bem atrás da nossa capacidade intuitiva. Quando aprendemos a confiar nas nossas imagens intuitivas, estas nos conduzem em segurança através das provações da vida.

Além dos dois pilares, que representam os opostos emparelhados da vida, está a terra da psique, onde podemos encontrar equilíbrio e subir a escada, transcendendo as limitações da vida cotidiana.

Capítulo 4
A Imperatriz

A Imperatriz é a deusa-mãe, a mãe das imagens mentais. Na mitologia grega, ela é Deméter, o manancial das idéias e imagens oriundas da mente inconsciente. Foi ela quem concedeu à humanidade a dádiva do trigo. Mostrou-nos como plantar a semente, cultivar e, finalmente, colher o trigo e moê-lo. Ela representa a mãe-natureza, com quem precisamos aprender a conviver. Penetramos no seu domínio, onde ela pode nos ensinar muitas coisas se tivermos sabedoria para ouvi-la.

A Imperatriz

Num campo perfumado de violetas, de lírios, lilases, trigo e romãzeiras em flor, a grama se agita e os pássaros chilreiam. As colméias estão vivas com a primavera; as árvores sussurram e o rio murmureja na alegria estimulante da natureza.

A imperatriz está sentada no seu trono florido com uma coroa de folhas na cabeça. Atrás dela há duas asas brancas como a neve. Ela segura um cetro na mão. Ela diz para você: "Vou mandá-lo pelo riacho além das flores e dos trigais, através da densa floresta, em busca de

____

____.

que você encontrará no ____________________________

____.

O sol me veste e a lua está debaixo dos meus pés. Sou sua ______________

____.

Eu posso _____________________________________.

Eu lhe darei ___________________________________.

Eu tenho ______________________________________.

Agora a Imperatriz sorri e abre os braços para você.

Ela lhe diz, ___________________________________

____

____

____.

A deusa mãe representa a natureza e a parte instintiva da psique. Ela é a mãe da intuição e da imaginação criativa. Que orientação e inspiração ela tem para você?

A Anima Mundi, ou mãe do mundo.

Diga para si mesmo:
Tenho um jardim em flor de potencial criativo que é alimentado
para frutificar em prol da minha mais elevada realização pessoal.

Contemplando...

O Altar Antigo

Este exercício é útil sempre que você ficar perturbado por eventos que fogem ao seu controle. Pode também ajudá-lo a superar a tensão, permitindo-lhe abandonar as ansiedades e fardos emocionais.

Feche os olhos e relaxe o corpo e a mente. Imagine que você está de pé diante de um fogo que arde num altar antigo. Veja-se apanhando várias folhas que jazem no chão. Em cada uma das folhas está escrito o nome de algo que o vem incomodando. Escreva os nomes das folhas:

Pegue as folhas uma por uma e atire-as ao fogo. Observe cada folha queimando e transformando-se em fumaça. Veja a fumaça subir e desaparecer no céu, levando consigo os seus problemas.

Como você se sente? ______

Contemplando...

O Medalhão

Imagine que deparou com um medalhão em forma de coração.

De que ele é feito? ____________________.

O que há dentro dele? ____________________.

Como você se sente com relação ao medalhão? ____________________.

O que fará com ele? ____________________.

Escreva o nome que pertence ao centro do coração: ____________________.

O coração representa a sabedoria do sentimento, de seguir o coração em vez da sapiência do conhecimento racional. O coração representa a compaixão, o entendimento, o amor e a caridade.

O seu coração é feito de algo valioso? As coisas que estão dentro do coração representam os seus mais caros sentimentos.

O Mito de Cibele, a Grande Mãe

Conta-se que a Grande Deusa Mãe nasceu na Frígia. Nos tempos antigos, Méon tornou-se rei da Frígia e da Lídia. Casou-se com Dídimo, que deu à luz uma filha. Furioso por ter uma filha em vez de um filho, o rei abandonou o bebê e o expôs às forças da natureza para que morresse no monte Cibelo.

Os animais ferozes protegeram Cibele.

Entretanto, os leopardos e outros animais ferozes encontraram o bebê e o protegeram. As pastoras que tomavam conta de seus rebanhos na montanha ficaram assombradas ao encontrar a menininha guardada pelos animais. Chamaram-lhe Cibele, em homenagem ao monte.

A criança cresceu, fez-se forte e bela e veio a ser admirada pela sua inteligência. Foi ela a primeira a projetar a flauta de muitas palhetas, e foi também quem inventou os címbalos e os timbales que acompanham os jogos e as danças. Além disso, ensinou as pessoas a fazer uso dos ritos de purificação para curar as doenças tanto dos rebanhos quanto das crianças.

Cibele salvou bebês da morte com seus encantamentos. Sua devoção e seu amor levaram todas as pessoas a venerá-la e a chamá-la de Mãe da Montanha.

A Canção da Deusa

Eu sou aquela que é a mãe natural de todas as coisas, senhora e governante de todos os elementos, progênie inicial dos mundos, dona dos poderes divinos, rainha dos que estão no inferno, soberana dos que habitam o céu, manifestada sozinha e sob uma única forma em todos os deuses e deusas. Pela minha vontade, os planetas do céu, os saudáveis ventos dos mares e o lastimável silêncio do inferno desaparecerão; meu nome e minha divindade é adorada em todo o mundo de diversas maneiras, em diferentes costumes e sob muitos títulos. Os frígios, que são os primeiros dentre todos os homens, chamam-me Mãe dos Deuses de Pessino; os atenienses, que brotaram do próprio solo, chamam-me de Minerva de Cécrope; os cipriotas, que estão rodeados pelo mar, chamam-me de Vênus de Pafo; os cretenses, que portam flechas, chamam-me de Diana; os sicilianos, que falam três idiomas, de Prosérpina infernal; os eleusinos, sua antiga deusa Ceres; alguns chamam-me de Juno, outros de Belona; outros de Hécate; outros de Ramnúsia; e, principalmente, as duas castas de etíopes, que vivem no Oriente e são iluminados pelos raios matutinos do sol, e os egípcios, que sobressaem em todos os tipos de doutrinas antigas e estão acostumados a me adorar por meio de cerimônias adequadas, chamam-me pelo meu verdadeiro nome, Rainha Ísis. Eis que vim para apiedar-me da vossa sorte e das vossas aflições.

Apuleio, *O Asno de Ouro*

A deusa retratada como mãe e rainha de todas as coisas.

O Mito da Deusa-Mãe

Deméter, a grande deusa-mãe, tinha uma filha chamada Perséfone, a donzela da primavera. Certo dia, Perséfone afastou-se muito quando estava colhendo flores com suas companheiras numa campina. O senhor do escuro mundo subterrâneo, o rei dos mortos, levou-a embora na sua carruagem.

Quando Deméter soube do rapto de sua amada filha, procurou-a em todos os lugares da superfície terrestre. Finalmente, foi informada de que Perséfone estava debaixo da terra, entre os mortos espectrais.

Deméter chorou a filha perdida. Na sua grande dor, retirou seus poderes de todas as colheitas e a terra tornou-se árida. Nada crescia; nenhuma semente brotava e o inverno cobria a terra. A deusa recusou-se a permitir que a terra frutificasse enquanto não reencontrasse sua filha.

Depois de muitas queixas dos deuses, Zeus enviou seu mensageiro ao mundo subterrâneo para trazer Perséfone de volta. Mas o senhor desse mundo havia convencido Perséfone a comer uma semente de romã, sabedor de que depois disso ela teria de voltar para ele.

Deméter ficou extremamente feliz com a volta da filha e enriqueceu os campos com abundantes colheitas. Mas durante seis meses por ano Deméter perde a filha para o senhor do mundo subterrâneo. E durante esse período o mundo torna-se árido, enquanto a deusa chora.

Deméter, com um feixe de trigo, romãs e uma colméia.

Mensagens do Mundo Oculto da Mente

Se não vierem à tona as idéias oriundas do subconsciente, resta-nos apenas o árido inverno do nosso desespero. No inevitável ciclo da vida, há momentos em que nos sentimos abandonados. Lamentamo-nos até o retorno das partes perdidas do mundo subterrâneo, ou da mente interior, e depois nos revitalizamos. Podemos uma vez mais redescobrir as origens da nossa alegria e inspiração, e a vida então renasce.

O inconsciente é o mundo subterrâneo, a fonte das nossas imagens. Sem elas, a vida é triste e árida, mas a época árida do nosso inverno é um período de luta necessário que antecede o despertar, a primavera de novas idéias.

O mundo em que vivemos está cheio de estímulos. Somos constantemente bombardeados pelo som, pela cor e pela ação. Mesmo nos nossos momentos inativos, entregamo-nos aos estímulos da televisão, do rádio, dos discos e dos filmes, bem como a uma incessante tagarelice interior. Raramente deixamos de lado esse mundo exterior para escutar o mundo interior.

É possível e importante que aprendamos a aquietar o ruído e as constantes exigências do mundo exterior. A meditação, por exemplo, é um antigo método que nos permite concentrar-nos na placidez interior. Quando aprendemos a silenciar o ruído externo, podemos descobrir a nossa riqueza interior.

Depois de serenar o mundo exterior, podemos dedicar-nos à arte da visualização. Esta última pode exercer um extraordinário poder sobre muitos aspectos da nossa vida. A visualização de imagens mentais demonstrou ser pelo menos tão importante quanto qualquer outra forma de experiência. Podemos encontrar um exemplo clássico desse fato numa experiência amplamente citada (publicada no *Research Quarterly* por Alan Richardson) sobre os efeitos da prática mental voltada para o aprimoramento da habilidade de fazer cestas no jogo de basquete.

Um certo número de estudantes foi dividido em três grupos para o teste. O primeiro treinou arremessos durante vinte dias, e seu desempenho foi avaliado no primeiro e no último dia. Um segundo grupo foi avaliado no primeiro e no último dia, mas não treinou durante os vinte dias do teste. O desempenho de um terceiro grupo foi medido no primeiro dia. Depois, durante os vinte dias do teste, seus componentes passaram vinte minutos por dia *imaginando* que estavam fazendo arremessos. Se erravam, reajustavam a mira e tentavam novamente (somente na imaginação). O primeiro grupo, que havia efetivamente treinado, conseguiu uma melhora de 24 por cento. O segundo grupo, que não treinou, não apresentou nenhuma melhora. O terceiro grupo, que só treinara na imaginação, apresentou uma melhora de 23 por cento! Isso demonstra que as imagens e os exercícios mentais podem ser tão poderosos e eficazes quanto a própria experiência física.

Fisiólogos que estudaram o cérebro descobriram que ocorre uma efetiva mudança física quando uma pessoa sentada num laboratório visualiza um objeto atemorizante. Analogamente, quando alguém imagina uma coisa tranqüilizadora, seu corpo responde; o ritmo cardíaco diminui, a pressão sangüínea se reduz e os músculos ficam relaxados.

A Visualização

É fácil aprender as técnicas da visualização focalizando a mente num objeto imaginário. Quando visualizamos alguma coisa, começamos a nos identificar com ela exatamente como se tivéssemos tido uma experiência real. Podemos, pois, visualizar uma meta desejada (como fizeram os jogadores de basquete) tornando-nos de fato mentalmente parte da nossa imagem. Por exemplo, se você estiver se sentindo ansioso com relação a uma palestra que vai proferir, pode visualizar-se fazendo uma brilhante conferência. Depois de se visualizar tendo um ótimo desempenho, o evento passará a fazer parte da sua experiência, uma história bem-sucedida à qual você poderá recorrer futuramente. Quando fizer efetivamente a palestra, a experiência lhe parecerá familiar e muito menos ameaçadora, porque você terá a confiança de já ter realizado a tarefa com sucesso.

As imagens e as técnicas de visualização têm sido usadas através da história como eficazes ferramentas de cura. A visualização é utilizada pelos xamãs para criar harmonia na pessoa doente e reuni-la à sua alma. Essa técnica era empregada na filosofia hermética para curar as doenças mediante a visualização da saúde perfeita. Os gregos antigos faziam seus pacientes sonhar que estavam sendo curados pelos deuses.

O relaxamento e a visualização estão sendo cada vez mais respeitados hoje em dia como métodos de tratamento das doenças. Começamos a descobrir um amplo emprego para o uso da visualização e das imagens em todos os aspectos da vida, seja para curar doenças ou simplesmente para enriquecer a qualidade das nossas experiências cotidianas e aumentar a nossa capacidade de compreender a vida. Por meio das visualizações podemos transpor as barreiras que nos separam das partes mais profundas do nosso ser, ativando fontes de poder e de cura que nos levarão além dos limites do mundo material.

Esta é a mensagem da Imperatriz.

A Imperatriz é a mãe das idéias e imagens do inconsciente.

Capítulo 5
O Imperador

O Imperador representa o aspecto masculino e paternalista da psique, o pai que governa o mundo sentado no seu trono. Na cabeça, ele usa uma coroa, símbolo do seu domínio. Ele representa os poderes da razão, da regularização e da ordem. O Imperador preserva o *status quo*. Ele é um administrador prático e eficaz do mundo material que regula a vida por meio de sua lei.

Contemplando...

O Imperador

Você entrou na terra do império. O castelo do Imperador está situado além da longa estrada e de um profundo fosso. Você recebeu uma senha que lhe permitirá viajar em segurança pelos domínios do Imperador. Para visitar o castelo, você precisa passar pelos guardas antes de chegar ao castelo propriamente dito. Ali, você é escoltado até o salão de audiências do Imperador.

O Imperador está sentado no trono ao lado de um enorme fogo resplandecente. Traz na cabeça uma coroa dourada. Ao seu lado há um escudo com o emblema de uma águia. Ele empunha um cetro, símbolo do seu grande poder.

O Imperador lhe diz: "Eu sou os grandes princípios; sou a ação, a conclusão, o resultado; sou a grande lei."

O Imperador lhe diz:

Eu sou o seu ______________________________.

Eu lhe darei ______________________________.

Sua senha é ______________________________.

Com essa senha você pode ______________________________.

Minha mensagem para você é ______________________________.

O Imperador é o rei, a figura paterna que governa como um ditador poderoso, porém benevolente. Representa a confiança, a auto-afirmação, a autoridade e a realização. A mensagem e a senha são suas manifestações de confiança, de autoridade e de realização.

Diga para si mesmo:

Terei vontade e poder, disciplina e ambição para alcançar todas as minhas metas superiores.

Contemplando...

A Espada

Imagine que você está vendo uma espada à sua frente na estrada.

Qual a aparência da espada? ____.

Como você se sente em relação a ela? ______________________________________.

O que fará com ela? ____.

De onde ela veio? ____.

A quem pertence? ____.

Qual a sua cor? ____.

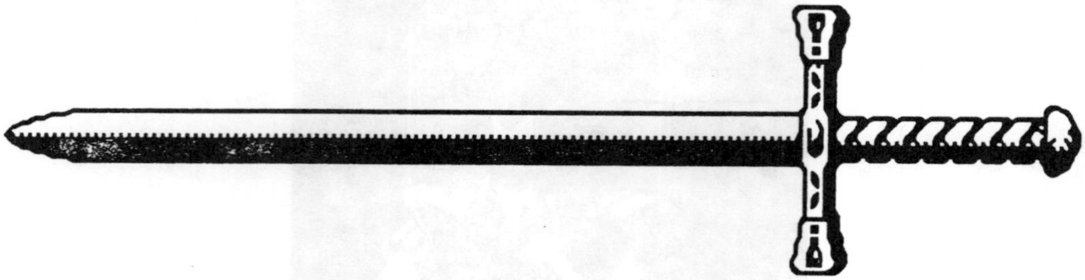

A espada é um símbolo de poder, de força, de coragem, de autoridade e de liderança. Suas respostas ao exercício da espada indicam seus sentimentos com relação a esses atributos. Você se sente à vontade com a espada? Ela lhe pertence? Se a resposta for negativa, feche os olhos e imagine a espada com o seu nome gravado no cabo; ela é o seu símbolo de poder e de força, e você está armado com ela enquanto percorre as misteriosas estradas que se estendem à sua frente.

Contemplando...

A Coroa

Você encontrou uma coroa no seu caminho.

Qual a sua aparência? ______________________________.

De que ela é feita? ______________________________.

Como você se sente com relação a ela? ______________________________.

O que fará com ela? ______________________________.

A quem ela pertence? ______________________________.

A coroa representa a vitória, a dignidade, a soberania e a recompensa, a mais elevada realização. Você a colocou na cabeça? Se não o fez, o que você aprendeu sobre os seus sentimentos com relação ao sucesso? Feche os olhos e imagine que está usando a coroa... sinta o seu próprio poder.

O Trono

Você chegou perto de um grande trono. Você sobe as escadas e se senta nele.

Como você se sente? ____.

O que você faz? ____

____.

O trono é a sede da autoridade, do conhecimento e do domínio. Você se sente à vontade sentado nele? Se não, passe alguns minutos imaginando-se sentado num trono feito especialmente para você e que tem inscritas as suas iniciais. Ao sentar-se, você tem a sensação de uma grande força; é capaz de entrar em contato com o seu poder ilimitado.

A Ordem e a Razão

Zeus, o grande deus grego, era o protetor, o soberano e o representante da ordem olímpica. Reinava absoluto sobre os deuses e os homens.

À semelhança de Zeus, o imperador representa a lei e a ordem, a autoridade e a paternidade sobre o mundo material. Ele ainda está muito presente entre nós, seu domínio afeta a nossa sociedade mesmo nos dias de hoje. Todos estamos familiarizados com o governo autoritário do sistema, o qual, no seu abuso, suspeita da inovação independente e criativa, e às vezes até mesmo da nossa qualidade humana. O imperador representa o poder pessoal, mas também representa uma advertência contra a criação de um mundo no qual toda realidade é regulada e toda verdade é mensurável, tangível e quantitativa.

Uma interpretação da necessidade de limitar os poderes do Imperador pode ser observada na seguinte citação do filósofo chinês Lao-Tsé referente ao Tao e ao Wu Wei (em conformidade com o Tao). O governante é aconselhado a evitar tanto a arrogância quanto a violência, e também a ser flexível.

Quando o magistrado segue o Tao, não precisa recorrer à força das armas para fortalecer o Império, porque seus métodos de ação, por si sós, darão bons resultados. Sarças e espinhos proliferam onde acampa um exército. Mas as colheitas são o resultado de uma grande guerra. O bom governante será decidido, e depois parará; não ousa usar a força. Deve ser decidido, porém não fanfarrão; decidido, porém não arrogante; decidido, porém submisso quando não puder evitá-lo; decidido, mas sem recorrer à violência. Quando se recorre à força, as coisas florescem durante algum tempo, mas depois decaem.

O Imperador e o Ego

As interpretações pessoais das nossas experiências constituem mensagens ditatoriais aceitas sem reserva pela passiva mente subconsciente. Desse modo, em certo sentido, cada um de nós é o Imperador. Fazemos as nossas próprias leis, definimos as nossas realidades e depois nos vemos agindo dentro das restrições das nossas interpretações da realidade.

O aspecto ditatorial do ego pode ser encontrado na figura mitológica de Zeus, que pode estar em perigo de ser esmagado pelo próprio ego ao tentar impor sua vontade a todos os aspectos do ambiente. Se pudermos desviar nossa atenção para longe do ego, para longe dos limites da nossa absorção no eu, que é a nossa preocupação costumeira quando estamos pensando de modo literal ("Como está a minha aparência? Os outros gostam de mim? Sou mais bem-sucedido do que ele?"), repentinamente nos abriremos para todo um mundo novo de significado.

Estamos todos em busca do significado da nossa vida. Albert Einstein disse certa vez: "Qual é o significado da vida? Encontrar uma resposta satisfatória para essa pergunta significa tornar-se religioso." A esfera na qual encontraremos respostas na nossa busca do significado deve transcender o literal, o eu e os domínios do Imperador.

O Imperador governa o nosso mundo com autoridade e sabedoria. Representa os poderes da nossa cultura no seu esplendor científico e técnico. Mas só conseguiremos encontrar a nossa verdade quando olharmos para dentro de nós.

A Alma Perdida na Era da Tecnologia

Se pensarmos em nós mesmos como sendo meros e complicados supercomputadores, deixaremos de dar atenção à nossa vida interior, ao nosso significado e à nossa alma. Quando supomos que a realidade é aquilo que os anunciantes afirmam que ela é nas propagandas comerciais e nos anúncios capciosos, nossa estrutura de crenças passa a focalizar-se nas exterioridades. Há menos energia dentro de nós à medida que a concentramos no que está acontecendo do lado de fora. Finalmente, ficamos sem nenhum senso global e coerente do significado ou objetivo da vida e vivemos num vácuo onde tudo está bem até que as máquinas sejam desligadas. Então, tarde da noite, quando estamos sozinhos, vemo-nos frente a frente com o vazio aterrorizante. Sem um significado interior, estamos fadados a buscar constantemente respostas externas que acabam por converter-se em meras ilusões.

Há em nós uma esfera que assombra os nossos sonhos e controla a nossa vida de maneiras sutis, mas a deixamos inexplorada. Podemos ser especialistas no trabalho que fazemos durante o dia, mas a metade oculta da nossa mente, o funcionamento interior, permanece mais misteriosa que nunca.

Os membros das tribos primitivas rezam para um deus do lago ou para um deus da fertilidade e encontram significado em tudo o que os rodeia. Mas se o nosso único deus for a moeda convencional, sentir-nos-emos constantemente desapontados e abandonados. O mundo literal aprisionou a nossa capacidade de sonhar, e a vida parece vazia. Alguns antropólogos nos dizem que, sem um senso fundamental de significado, o organismo humano freqüentemente não cumpre as suas funções biológicas essenciais.

Se investirmos todas as nossas esperanças e sonhos em outra pessoa, num lugar ou numa coisa, ficaremos invariavelmente desapontados e desiludidos. Nossa salvação pessoal não pode vir de fora. Pelo contrário, o senso de salvação origina-se do nosso relacionamento com o nosso eu interior, e este pertence ao mundo da alma.

Capítulo 6
O Hierofante

O Hierofante representa o aspecto sagrado e religioso da psique. É o sumo sacerdote, o rabino ou o papa. Está sentado entre duas colunas, com uma cruz na mão esquerda. Duas chaves repousam aos seus pés.

Contemplando...

O Hierofante

O grão-mestre está sentado no templo. Ele veste os trajes do líder espiritual. Sua face está serena e seus olhos são penetrantes enquanto ele olha para você. Você sente a magnitude da sua presença, sabe que ele é verdadeiramente um santo.

O santo lhe diz: "Procure o caminho que conduz ao interior; siga a verdade e encontre os tesouros que ali se ocultam."

O Hierofante lhe diz:

A primeira verdade é ____

____.

O milagre é ____

____.

Sua senda o conduz a ____

____.

As chaves aos pés do Hierofante são oriundas do sol e da lua. Elas podem abrir

____

que é guardado ____

____.

> O Hierofante representa as bênçãos da orientação intuitiva. A senda é o seu caminho para a auto-realização. As palavras do Hierofante são mensagens dirigidas a você pela sua intuição.

Diga para si mesmo:
Sou guiado e dirigido pela minha sabedoria superior em prol do bem maior,
em mim mesmo e no mundo.

Contemplando...

A Chave

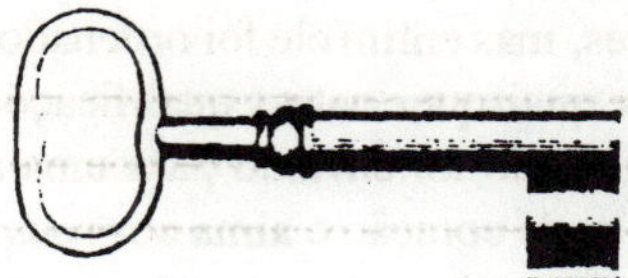

Imagine que você encontrou uma velha chave à beira da estrada.

Qual a aparência dela? ____.

Como você se sente com relação a ela? ______________________________.

De onde ela veio? ____.

A quem pertence? ____.

O que ela conseguirá abrir? ______________________________________.

O que você fará com ela? ____.

A chave simboliza o conhecimento. Sua resposta às perguntas a respeito da chave lhe fornecerão certa compreensão do papel da sabedoria na sua vida.

A História de Jean-Baptiste Vianney

Jean Vianney era filho de um campônio francês. Seus estudos para o sacerdócio eram lentos e pouco promissores, mas enfim ele foi ordenado, mais por causa da sua devoção e boa vontade do que por quaisquer outras qualificações.

O padre recém-ordenado foi enviado para uma aldeia solitária e desprezada na qualidade de pároco. Consagrou-se de coração e alma aos seus paroquianos. Em breve o padre Vianney tornou-se conhecido como talentoso pregador e confessor. Aldeões de vilarejos situados a quilômetros de distância começaram a falar dos dons e poderes do padre da província.

A remota aldeia logo se converteu num lugar de peregrinação para dezenas de milhares de pessoas que acorriam de toda a França e de locais ainda mais distantes. Ano após ano, o padre Vianney passava até dezoito horas por dia no confessionário. Tinha extraordinários poderes de entendimento e percepção intuitiva. Dizia-se até que era capaz de discorrer sobre acontecimentos distantes e futuros.

Alguns dos outros clérigos queixaram-se ao bispo do trabalho do padre Vianney, chamando-o de louco e charlatão. Por fim o bispo lhes disse:

– Meus senhores, eu gostaria que todos os membros do meu clero tivessem um pouquinho dessa mesma loucura.[6]

O padre Vianney tinha extraordinários poderes de entendimento e percepção intuitiva.

A História do Padre de Santa Sofia

Uma tradição popular do início do cristianismo reza que no momento em que um exército invasor turco penetrou na grande igreja bizantina de Santa Sofia uma liturgia estava sendo celebrada. O padre que segurava o santo sacramento viu o exército muçulmano invadir a igreja. Miraculosamente, a parede do altar abriu-se à sua frente e ele entrou nela e desapareceu.

Diz a tradição que, quando Constantinopla (a Istambul dos nossos dias) estiver novamente nas mãos dos cristãos, o padre sairá da parede do altar e dará seguimento à liturgia.[7]

O sacerdote, ou Hierofante, representa o elo entre Deus e o homem através da doutrina ritual e da cerimônia da religião formalizada. O sacerdote é um guia na nossa busca do significado transcendente; é um símbolo da nossa tentativa de alcançar a união com Deus e uma ajuda para efetuarmos essa união.

Acabo de recuperar a chave da escada perdida... A escada na parede... ventos que saem das profundezas subterrâneas do Ego para os altos terraços coroados pelas estrelas.
Romain Rolland

Contemplando...

O Buraco no Chão

Imagine que há um buraco no centro do piso da sua sala.

Qual a profundidade do buraco? ______________________________.

Até onde você consegue enxergar? ______________________________.

Imagine que você desce através do buraco. O que você vê? ____________________

____.

Ao chegar no fundo, o que você encontra? ____________________________.

Complete as frases:

Eu sinto ____.

Eu desejo ____.

Eu quero ____.

Eu preciso ____.

Eu temo ____.

Eu secretamente ___________________________________.

Imagine que há um buraco no chão...

Contemplando...

A Abertura no Céu

Imagine que você olha para cima e vê uma abertura no céu.

O que você vê? ____.

Como se sente com relação ao que vê? ____.

Qual o tamanho da abertura? ____.

Você consegue ver através da abertura. O que há além dela? _____________________

____.

Imagine-se agora atravessando a abertura. Como você se sente? ____________________

____.

O que você vê? ____.

Depois de subir, complete as seguintes frases:

Eu sinto ____.

Eu sou ____.

Eu devo ____.

Eu tenho ____.

Eu acredito ____.

Imagine-se olhando para cima e vendo uma abertura no céu...

O buraco no chão representa a descida para o inconsciente. A maneira como você se sente a respeito disso afetará sua disposição de explorar as regiões interiores; as frases que você completou revelam seus sentimentos mais íntimos a respeito dessa descida.

Caso esteja com medo ou se sentindo pouco à vontade quanto a descer pelo buraco no chão, imagine-se descendo novamente, sabendo desta vez que grandes dádivas e uma profunda orientação o aguardam e que você está em segurança e é bem-vindo.

A abertura no céu representa sua visão espiritual, sua ascensão às esferas de Deus. A maneira como você se sente a respeito dessa subida reflete seu senso de espiritualidade. Demonstra como você se sente com relação a Deus e à transcendência espiritual.

Caso esteja com medo de subir e atravessar essa abertura, imagine que o seu anjo está ao seu lado para guiá-lo e mostrar-lhe as coisas celestes.

A Visão

Na história do padre de Santa Sofia, este último não podia ser dominado ou destruído. Quando as formas exteriores da fé são invadidas, o padre, que representa o nosso empenho em alcançar uma união com Deus, se recolhe ao altar ou a um lugar sagrado no interior do eu. Lá ele permanecerá, ouvindo os sons da voz interior, até estar mais uma vez seguro e livre para agir de acordo com os rituais e os símbolos da sua fé.

A voz interior proporciona a visão que nos pode fornecer respostas e soluções para que possamos compreender a nossa vida. A visão, que é a origem da nossa busca interior, provém da nossa intuição e imaginação, e não de manifestações literais visíveis. Ela é, mais exatamente, a imagem dinâmica na qual podemos acreditar e aceitar irrestritamente, capaz de transformar as situações mais desesperadoras em preciosas oportunidades de crescimento e desenvolvimento. Encontrar essa visão e aprender a segui-la é o significado do símbolo do Hierofante.

Uma visão na qual acreditamos completamente pode transformar qualquer situação numa oportunidade de crescimento.

Disse Carl Jung que, quando nos sentimos fracos, o centro interior nos fornece imagens que servem em qualquer momento para nos proporcionar um senso de ordem e significado.

A busca de um senso de direção e propósito nos conduzirá ao mundo da psique, que transcende as palavras.

Transcendendo as Palavras

É no mundo que está além das nossas palavras que as imagens e os símbolos expressam o inexprimível. Ao compreender essas imagens e interagir com elas através das técnicas que usam a visualização e as imagens, podemos começar a identificar e a participar de todos os aspectos da nossa vida de novas e férteis maneiras.

Uma experiência aparentemente inútil quando vivida num nível literal pode tornar-se viva e importante quando nela participamos plenamente, quando lhe procuramos o significado espiritual.

Quando visualizamos uma imagem em vez de simplesmente olharmos para o objeto propriamente dito ou para uma imagem dele, todo o conteúdo simbólico dessa imagem torna-se pessoal e ao mesmo tempo universal. Ela passa a representar algo a respeito da nossa experiência; torna-se uma metáfora para algum aspecto da nossa vida.

Quando interpretamos literalmente os mitos e os contos de fadas, podemos observar neles certos temas interessantes que se repetem. Mas quando somos capazes de reconhecer esses temas como metáforas para as experiências de vida que todos compartilhamos, eles passam a ter repentinamente um significado pessoal e irresistível. Tais são as histórias dos nossos sonhos. Compreendendo-as, podemos começar a entender as complexidades internas que determinam quem somos e como viveremos.

Tal é, também, o poder que uma imagem adquire quando interiorizada, o que acontece quando usamos a imaginação para visualizar uma figura. A figura que imaginamos torna-se parte de nós e da nossa experiência.

As técnicas de visualização podem ser eficazmente empregadas para realizar importantes progressos na nossa vida. Entre outras coisas, a visualização pode ser usada para:

- Enriquecer o entendimento pessoal que temos de nós mesmos e de nossas necessidades
- Expandir as nossas limitações e restrições
- Rever os eventos passados e aprender com eles
- Desenvolver novos poderes e habilidades
- Favorecer os nossos processos criativos e intuitivos
- Criar um sentimento de confiança e equilíbrio

A Cerimônia da Iniciação

Este é o ponto em que você precisa enfrentar as questões relativas à sua mãe e ao seu pai. Os quatro sábios – a Grande Sacerdotisa, a Imperatriz, o Imperador e o Hierofante – são as figuras simbólicas que lhe permitirão compreender os seus pais.

Qual dessas figuras representa a sua mãe? ______________________________.

Por quê? ______________________________.

Sua mãe tem esta mensagem para você:

O pesar dela é ______________________________.

O presente dela para você é ______________________________.

Qual dessas figuras representa o seu pai? ______________________________.

Por quê? ______________________________.

Seu pai tem esta mensagem para você: ______________________________.

O pesar dele é ______________________________.

O presente dele para você é ______________________________.

A bênção dos seus pais é ______________________________.

Para tornar-se iniciado como o herói, você deve ______________________________

______________________________.

Revisão da 2ª Etapa

Durante a 2ª Etapa das suas viagens, você se encontrou com quatro sábios, que representam quatro diferentes aspectos da sua psique, dois femininos e dois masculinos. Eles lhe forneceram as informações e percepções intuitivas da sua iniciação no papel do herói da busca. Escreva um breve resumo dos aspectos mais importantes da sua experiência até este momento.

Escreva o sentimento e as percepções intuitivas mais importantes que você obteve nas suas viagens através deste segundo estágio, a sua iniciação.

3ª Etapa
O Recolhimento

Você foi iniciado. Você encontrou os sábios e aprendeu com eles. Agora precisa recolher-se dentro de si mesmo para descobrir seu centro e seu equilíbrio. Os quatro próximos capítulos o conduzirão através da fase de recolhimento da sua peregrinação.

Capítulo 7
Os Amantes

O símbolo dos Amantes representa a harmonia dos dois lados, o direito e o esquerdo, o masculino e o feminino, o *yin* e o *yang*. Esta imagem representa a unidade e a síntese dos opostos numa intimidade compassiva e piedosa.

Contemplando...

Os Amantes

Os amantes estão de pé sobre uma colina verde diante de uma alta montanha. Seu amor é ao mesmo tempo um sacrifício e uma prece por meio dos quais se abre para a magia da existência. Eles representam a unificação e a integração de opostos no todo do qual cada um é carente quando separados.

A mulher olha para o alto, de onde recebe inspiração. Ela diz:

Eu sou ______________________________.

Eu posso ______________________________.

Eu tenho ______________________________.

Eu quero ______________________________.

O homem contempla a mulher. Ele diz:

A nuvem escura entre nós representa ______________________________.

Eu quero ______________________________.

A mensagem do Anjo do Ar é

____

______________________________.

Os amantes representam a união dos opostos. Ela só pode ocorrer quando existe o reconhecimento e o respeito pela dualidade, bem como uma cooperação mútua. Tal é o entendimento entre a mente consciente e a subconsciente.

A nuvem escura representa a base da dificuldade no seu processo pessoal de crescimento e síntese. O Anjo do Ar representa um mensageiro divino; o que você aprendeu com eles?

O andrógino homem/mulher é um símbolo da perfeição e da totalidade na união das forças masculina e feminina nas quais os opostos – o céu e a terra, a noite e o dia, a mãe e o pai – se unem.

Diga para si mesmo:
Estou em harmonia e num estado de equilíbrio tanto com o meu aspecto masculino quanto com o meu aspecto feminino, bem como com a minha consciência e com o meu inconsciente. Estou portanto num equilíbrio harmonioso comigo mesmo e com os outros.

Contemplando...

O Círculo e o Quadrado

Qual o símbolo ou figura que representaria para você o mundo material? Escreva-o dentro do quadrado.

O que representa o espírito para você? Escreva-o dentro do círculo.

Na sua mente, imagine a fusão desses dois reinos. Tente conservar a imagem.

O que essa nova imagem combinada lhe diz? ______________________________

____.

Este exercício o ajudará a encontrar um equilíbrio mental entre os reinos material e espiritual. Use a mensagem da nova imagem combinada quando sentir a necessidade de reconcentrar-se nelas.

O caminho para a harmonia interior é o equilíbrio entre os reinos material e espiritual.

Contemplando...

O Espelho

Imagine-se olhando num espelho mágico. O que você vê? ______________________________

____.

Como se sente em relação à imagem do espelho? ______________________.

Imagine que a imagem no espelho completa estas frases:

Eu sou ____.

Eu posso ____.

Eu quero ____.

Eu devo ____.

Eu secretamente ____.

No mito grego, a Górgona-Medusa só podia ser contemplada através de um espelho; mirá-la diretamente transformaria os homens em pedra. A maioria dos simples mortais não pode olhar diretamente para os deuses.

Quase sempre o que vemos na vida ou nas outras pessoas é na verdade um reflexo de nós mesmos, dos nossos medos e impropriedades. Podemos ver através dessas ilusões quando nos livramos dos limites do ego e saímos do mundo das aparências. Podemos então ser livres para explorar todas as dimensões do nosso eu real, em vez de apenas as limitações dos nossos reflexos.

Pense a respeito do seu reflexo no espelho e no que ele significa para você.

O Alto da Montanha

Imagine que está subindo uma alta montanha.

Qual a melhor maneira de chegar ao cume? ________________________________.

Quando você finalmente chega ao cume da montanha, o que vê? ____________________

____.

Como se sente? ____.

O que você faz? ____.

O que você encontra? ____.

O que consegue ver quando olha para o outro lado da montanha? ________________

____.

A figura no alto da montanha alcançou a realização com a ajuda do anjo.

> A subida ao cume da montanha representa a obtenção do que é total e ilimitado a partir do que é parcial, limitado e incompleto. É o bom êxito e a realização. Do outro lado da montanha está o futuro.

O Mito de Eros e Psiquê

O mito grego dos amantes Eros (amor) e Psiquê (a alma) é uma variação metafórica em torno do tema da bela e a fera.

Psiquê era a linda filha de um rei. Era bem mais bela do que suas duas irmãs. Não obstante, as irmãs logo se casaram, enquanto Psiquê permaneceu em casa do pai, sem pretendentes. O rei, desesperado e achando que jamais encontraria marido para a filha, decidiu consultar um oráculo. Este lhe disse que abandonasse Psiquê no alto de uma montanha, onde ela seria levada por um monstro. O rei a a rainha ficaram extremamente angustiados, mas tinham que obedecer à ordem, porque lhes foi dito que essa era a vontade dos deuses, a quem temiam desobedecer.

Afrodite, a rainha do amor, tinha ciúmes de Psiquê. Para se vingar, ordenou ao seu filho, Eros, que fizesse com que Psiquê se apaixonasse por um monstro pobre e feio. Mas, quando Eros viu Psiquê, apaixonou-se por ela.

O vento carregou Psiquê até um lindo castelo.

Psiquê foi levada ao topo da montanha para lá ser abandonada, mas em vez de ser levada por um monstro, o vento Zéfiro conduziu gentilmente Psiquê para um lindo castelo, onde foi assistida por servos invisíveis. Vozes encantadoras a serviam, alimentavam e divertiam durante o dia. À noite, na escuridão, o marido de quem o oráculo havia falado unia-se a ela. Não parecia ser um monstro, mas Psiquê não conseguia vê-lo.

Todas as manhãs, o marido ia embora voando, voltando a reunir-se a ela na noite seguinte. Psiquê sentia-se feliz, porém solitária, de modo que convenceu o marido a permitir que suas irmãs a visitassem. Ele advertiu-a do perigo da nostalgia, mas ela lhe implorou que consentisse e ele acabou concordando.

O vento Zéfiro trouxe as irmãs de Psiquê ao palácio. Elas ficaram amargamente enciumadas ante o esplendor do castelo onde a irmã vivia e convenceram-na a tentar descobrir a aparência do marido.

Incapaz de superar a própria curiosidade, e em vista da insistência das irmãs, Psiquê escondeu uma faca e uma lamparina no seu quarto para que pudesse ver e matar o marido-monstro. Mas, quando viu seu belo marido, Psiquê compreendeu que ele era o deus Eros. Perturbada e assustada, derramou sobre ele uma gota de óleo fervente da lamparina. Ao acordar, e percebendo o que ela havia feito, ele fugiu imediatamente e nunca mais voltou.

Passaram-se os meses. De coração partido, Psiquê decidiu sair em busca do marido. Primeiro puniu suas três irmãs, dizendo-lhes que Eros queria vê-las. Maravilhadas, elas saltaram de um penhasco pensando que Zéfiro, o vento, estava à sua espera para levá-las embora. Em vez disso, despencaram no desfiladeiro.

Psiquê percorreu o mundo à procura de Eros, mas seus esforços foram vãos. Finalmente, foi ter com Afrodite, que a torturou e a enviou ao mundo subterrâneo para buscar uma caixa contendo um ungüento embelezador. Psiquê recebeu instruções para não abrir a caixa, mas não conseguiu resistir. Ao abri-la, um vapor escapou de dentro e ela desmaiou.

Entretanto, Eros estava desesperadamente enamorado de Psiquê. Quando a viu imersa no seu sono mágico, despertou-a e procurou Zeus com o fito de pedir-lhe permissão para casar com uma mortal. Zeus deu o consentimento e por fim Afrodite e Psiquê se reconciliaram. Mais tarde, Eros e Psiquê tiveram uma linda filha, que chamaram de Volúpia.

Esta história pode ser considerada uma descrição da alma, ou psique, que é bela porém corruptível até submeter-se aos testes que a dignificam, ajudada pelo poder do amor, ou de Eros. Os dois amantes podem ser vistos como os dois diferentes aspectos do eu, a alma e a personalidade mundana, exterior, que se podem reunir depois que a corrupção, a mesquinhez e a vaidade são superadas.

Este ovo filosófico representa a união dos opostos, que triunfa sobre o caos e o dragão. Os sete planetas representam os sete estágios da transformação e os sete aspectos da personalidade.

Sonhos e Imagens

Nos sonhos, a psique se fragmenta em muitas partes. Estas várias partes são ligadas entre si por meio de cenas e histórias. Nos sonhos, aprendemos a respeito da verdadeira natureza da psique e da natureza da realidade psíquica, que não se comporta em função do *eu*, e sim do *nós*, não do um, e sim de muitos.

Os sonhos nos libertam da nossa identificação com o ego do estado de vigília, representado no mito pelas irmãs de Psiquê. Essa liberdade nos permite viver uma verdade infinitamente maior do que a que somos capazes de conhecer quando pensamos de maneira prática e racional. Mas nossos sonhos são em grande parte inacessíveis. Esquecemo-los freqüentemente ou somos incapazes de compreendê-los.

Qualquer tipo de imagem visual produz as mesmas sensações e efeitos concomitantes que a situação real, seja ela um sonho ou uma visualização no estado de vigília. Como em geral temos dificuldades em lembrar e compreender os nossos sonhos, podemos aprender a usar outros tipos de imagens para descobrir as facetas ocultas do eu.

Certas imagens e símbolos possuem boa dose de significado para a mente inconsciente. Constituem a linguagem interior e primária, existente antes que os sentimentos se traduzam em palavras. Aprendendo a linguagem dos símbolos e das imagens, podemos estabelecer um diálogo com a nossa parte oculta, que não raro desconhecemos ou compreendemos mal. A comunicação com nossa mente inconsciente pode ser um recurso eficaz para definir e alcançar as nossas metas.

A imagem visual – ou seja, imaginar alguma coisa e vê-la na mente – pode ser uma maravilhosa ferramenta para controlarmos os nossos estados de espírito e até a nossa saúde. Se visualizarmos uma coisa negativa na nossa mente, o estado de espírito e os sentimentos daí resultantes serão negativos. Se, por outro lado, visualizarmos uma coisa positiva, nossa disposição de ânimo será positiva. Aprendendo as técnicas de visualização, podemos descobrir uma rica fonte de poder interior e um veículo tão fértil quanto os nossos sonhos para que possamos entender a nós mesmos.

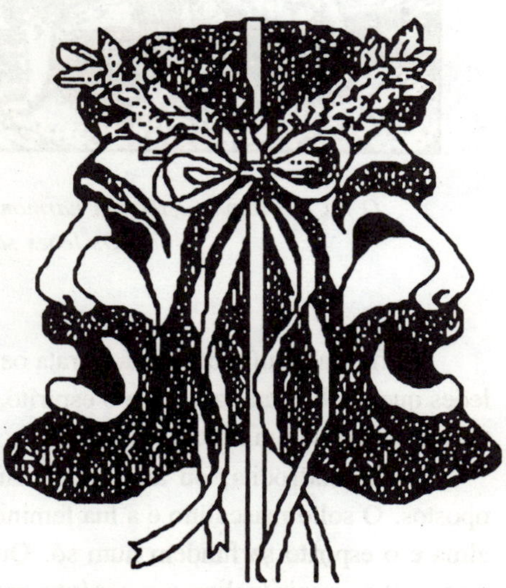

É óbvio que, se uma parte do nosso ser estiver voltada para uma direção e a outra, a parte oculta, por motivos tão inescrutáveis quanto os nossos sonhos, estiver orientada no sentido oposto, viveremos num eterno estado de conflito interior.

Se, contudo, nossas funções externas e racionais e nossos impulsos intuitivos estiverem em harmonia no tocante às suas metas e objetivos mútuos, aumentaremos imensamente as nossas perspectivas de sucesso, felicidade e saúde.

Com todo o sistema em harmonia na busca de objetivos comuns, uma nova força e um novo poder ficarão subitamente à nossa disposição. Considerando que existem bilhões de células cerebrais que nunca são usadas durante a nossa vida, nem mesmo pelo mais brilhante e completo ser humano, não é irracional esperarmos que possamos ser capazes de realizações jamais imaginadas quando aprendermos a comunicar-nos com a mente interior.

O rei e a rainha estão em harmonia. A águia representa a inspiração espiritual. Os leões são a alma e o espírito.

A figura alquímica acima retrata os Amantes, ou a união dos opostos, apresentando dois leões que simbolizam a alma e o espírito. Eles precisam unir-se no corpo; a alma e o espírito devem tornar-se um no coração.

O hermafrodita, ou andrógino, também representa essa conjunção, essa reunião dos opostos. O sol é masculino e a lua feminina. Juntos, eles configuram uma perfeição na qual a alma e o espírito se fundem num só. Quando esses opostos se reúnem, o corpo (ou mundo material) se espiritualiza e o espírito passa a se expressar sob um aspecto prático, como a moralidade ou a bondade.

Capítulo 8
A Carruagem

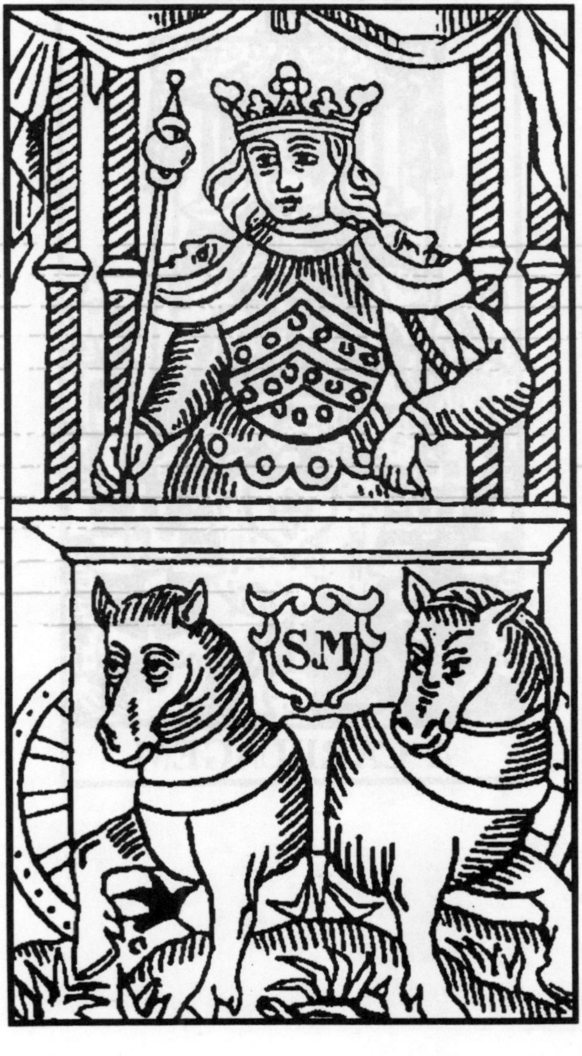

A Carruagem representa a parte do eu cujo poder repousa no autocontrole e na autodisciplina. Simboliza a vitória sobre os instintos, assim como o autodomínio, que leva à conquista e ao triunfo.

O Cocheiro

O Cocheiro está preparado; detém o controle de si mesmo e da sua vida. Conduz uma parelha de duas criaturas. Imagine-se como o Cocheiro.

Quais as criaturas que puxam o seu carro? ________________________.

Qual a direção dos seus esforços? ________________________.

O Cocheiro diz:

Minha força é ________________________.

Eu sou ________________________.

Eu posso ________________________.

Eu tenho ________________________.

Meu ponto fraco é ________________________.

Estou escondendo o(a) ________________________.

A direção que tomarei é ________________________.

Platão descreveu a alma como um cocheiro alado puxado por dois cavalos que representam os aspectos opostos da natureza humana, em que um se esforça para subir e o outro para descer.

As qualidades do condutor do carro são simbolizadas pelo tipo da parelha conduzida. Na mitologia nórdica, Fréia conduz um carro puxado por gatos para representar uma jornada mágica e lunar. Cavalos brancos podem representar a espiritualidade e a pureza. A esfinge de cabeça humana sugere o espírito humano sobrepujando os instintos animais, ou a união dos poderes intelectuais e físicos.

Diga para si mesmo:
Dirigindo todos os meus esforços
na direção da minha meta, serei vitorioso.

Contemplando...

A Máscara

Imagine-se usando uma máscara.

Qual a aparência dessa máscara? ____.

Como você se sente em relação à máscara? ______________________________.

Você quer tirá-la? __________________. Por quê? _______________________.

A máscara diz:

Eu sou ____.

Eu posso ____.

Eu quero ____.

Eu sinto ____.

Eu devo ____.

Eu tenho ____.

A máscara representa proteção e encobrimento. Usar a máscara de determinado personagem pode significar que você se identifica com ele ou se esconde atrás dele. Máscaras de animais ou pássaros representam uma comunhão com a natureza e a sabedoria instintiva.

A máscara que você usa pode indicar a sua maneira de esconder-se dos problemas, de si mesmo ou do mundo. A mensagem do Cocheiro é que você não precisa se esconder; pode triunfar sobre a adversidade por meio do autocontrole e da autodisciplina.

Contemplando...

As Três Caixas

Este exercício de visualização usa o símbolo geométrico da demonstração do teorema de Pitágoras, segundo o qual a área do quadrado é igual à área de dois quadrados menores construídos sobre um triângulo retângulo e vice-versa. Simbolicamente, isso demonstra que o triângulo é uma figura perfeita, porque contém e sustenta tudo o que é construído sobre ele.

Visualize três caixas: uma pequena, uma de tamanho médio e uma grande.

Qual a cor da caixa pequena? ______________________________.

Qual a cor da caixa de tamanho médio? ______________________________.

Qual a cor da caixa grande? ______________________________.

Olhe dentro da caixa pequena. O que vê? ______________________________.

Imagine que o conteúdo da caixa pequena completa as seguintes frases:

Eu sou ______________________________.

Eu desejo ______________________________.

Eu devo ______________________________.

Eu preciso ______________________________.

Eu sinto ______________________________.

Eu secretamente ______________________________.

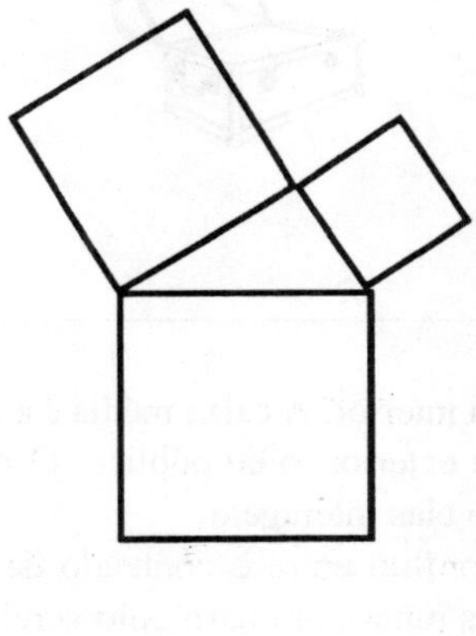

Olhe dentro da caixa de tamanho médio.

O que há dentro dela? ______________________________.

Imagine que o conteúdo da caixa de tamanho médio completa as seguintes frases:

Eu sou ______________________________.

Eu desejo ______________________________.

Eu sinto ______________________________.

Eu secretamente ______________________________.

O que há dentro da caixa grande? Imagine que o conteúdo da caixa grande completa as seguintes frases:

Eu sou ______________________________.

Eu desejo ______________________________.

Eu sinto ______________________________.

Eu secretamente ______________________________.

Imagine agora que os conteúdos das três caixas se combinam.

O que acontece? ______________________________.

A caixa pequena representa o eu interior. A caixa média é a personalidade, o eu consciente. A caixa grande representa o eu exterior, o eu público. O relacionamento entre essas três imagens reflete a maneira como elas interagem.

Se você visualizou um conflito entre o conteúdo das três caixas, feche os olhos e imagine os elementos das caixas juntas, em harmonioso relacionamento.

O Mito de Teseu

Podemos considerar o antigo herói grego Teseu, filho de uma rainha e de dois pais – um rei e o deus Posídon –, como representando o Cocheiro. Numa das suas heróicas proezas, Teseu matou o monstro Minotauro.

Na ilha de Creta, sete rapazes e sete moças virgens iam ser sacrificados para alimentar o Minotauro. Teseu partiu para destruir o monstro. Quando chegou a Creta, a princesa Ariadne, filha do rei Minos, o soberano da ilha, apaixonou-se por ele. Ariadne entregou a Teseu um rolo de barbante para que ele descobrisse a saída do labirinto onde se encerrava o Minotauro. Teseu matou a fera e escapou do labirinto. Depois deixou Creta, levando consigo a princesa Ariadne e a irmã desta, Fedra. A caminho de casa, porém, Teseu abandonou Ariadne na ilha de Naxo.

Antes de partir para Creta, Teseu prometera ao pai que ergueria uma bandeira branca caso conseguisse matar o Minotauro. Se fracassasse, a nave desfraldaria uma bandeira preta. Na volta Teseu esqueceu a promessa de mudar a bandeira da nave. Ao ver a bandeira negra, seu pai acreditou que o filho estivesse morto e, desesperado, atirou-se ao mar.

Teseu, à semelhança do Cocheiro, foi heróico ao empreender sua tarefa com força e coragem. Entretanto, abandonou Ariadne, e mais tarde, por causa do seu descuido, seu pai se matou.

Tanto este mito quanto o símbolo do Cocheiro parecem mostrar que a força e o poder são virtudes que nos ajudam a enfrentar as provações e as adversidades da vida. Mas essas virtudes, por si sós, não bastam para garantir um resultado plenamente vitorioso. Precisam ser moderadas por outros atributos, como o respeito pelos sentimentos e necessidades do próximo e o senso de integridade nos relacionamentos pessoais.

Fréia conduz um carro puxado por gatos,
que representam os seus poderes interiores.

Reflexões...

Através do Labirinto

As virtudes e os valores internos que podem guiar o Cocheiro surgem quando ouvimos a sabedoria interior.

O guia que conduziu Teseu para fora do labirinto foi um simples rolo de barbante. Nessa situação, nenhuma arma lhe teria sido útil. O barbante representa os instintos e a intuição. O labirinto é o eu interior, e o Minotauro, todos os nossos temores e pensamentos negativos. À semelhança do herói, podemos matar os nossos monstros, mas somente com a ajuda das faculdades intuitivas interiores. Ao sair do labirinto, descobriremos que vislumbramos certo componente desconhecido que torna possível o significado, que transforma eventos vazios em importantes experiências e confere à nossa vida um novo significado.

Lamentavelmente, contudo, uma vez fora do labirinto, somos freqüentemente tentados a abandonar os processos que nos guiaram com segurança, exatamente como Teseu abandonou Ariadne. Os recursos que nos guiam através do labirinto são as imagens, fantasias e símbolos do inconsciente. Nossa mente consciente pode tentar definir o que experimentamos dentro do labirinto, mas as palavras são apenas um pálido reflexo da verdadeira experiência. O inconsciente contém toda uma linguagem não-verbal. Trata-se da linguagem visual da forma e do símbolo que usa formas, cores e imagens em vez de palavras.

Pense a respeito da natureza do seu labirinto e do monstro que está oculto lá dentro. Imagine um símbolo que represente a sua libertação do labirinto.

Símbolos Universais

Os símbolos são a linguagem não-verbal do inconsciente. Alguns símbolos são culturais, como uma bandeira ou um monumento. Outros são religiosos, como a cruz e a Estrela de Davi.

Existem também aqueles que Carl Jung denominou símbolos universais. Tais símbolos evocarão a mesma resposta em qualquer pessoa, não importa a cultura à qual ela pertença. Uma nuvem escura, por exemplo, é um símbolo natural que sugere tudo o que associamos a uma tempestade.

Segundo Jung, os símbolos são a linguagem básica universal inerente à estrutura do cérebro humano. Os símbolos constituem uma parte da nossa experiência primordial. É claro que o efeito que um símbolo exercerá sobre alguém irá variar de pessoa para pessoa. Também variará de acordo com a ocasião, dependendo da maneira como a pessoa se sentir. Mas certas generalizações prevalecem e são uniformes para quem quer que contemple um símbolo universal.

A cor é uma importante forma de simbolismo. Cada cor representa determinadas atitudes e sentimentos e evocará reações particulares. Na verdade, observou-se que a cor provoca efetivamente mudanças fisiológicas nas pessoas. Quando nos expomos à cor vermelha, por exemplo, a pressão sangüínea, a condução elétrica da pele, o ritmo respiratório, o piscar dos olhos e os padrões de ondas cerebrais aumentam. Por outro lado, quando nos expomos à cor azul, o corpo fica relaxado e tranqüilo.

Os símbolos e as imagens são o único meio significativo de expressão das nossas experiências interiores. Podemos tentar traduzi-las em palavras mas, para recordar e compreender plenamente todos os nossos sentimentos, precisamos ser capazes de conservar a lembrança deles através de imagens. Esse é o motivo pelo qual a poesia e a mitologia, que usam metáforas, simbolismos e imagens, podem ser tão significativos para nós. Se tentássemos interpretá-las como fato, quer histórico, quer biográfico ou literal, seu significado se diluiria. A única maneira de compreender as imagens é procurar o seu significado intuitivamente.

Usamos símbolos para muitas coisas que transcendem o alcance do entendimento humano. Eles representam conceitos que não podemos definir com precisão ou compreender por inteiro. O símbolo é uma figura que liga o mundo exterior ao mundo interior. No mundo dos símbolos, o particular representa o universal. Coisas como a sensação de renascimento, ou a idéia do significado da vida ou do destino, são conceitos que todos compreendemos e compartilhamos, mas não se encaixam em nenhum sistema racional. Não podem ser definidos, e só podemos compreendê-los simbolicamente. Os símbolos servem para unir idéias e sentimentos fragmentados e nos permitem vislumbrar coisas que jamais entenderíamos de outra maneira.

Em muitas culturas da Antiguidade, as pessoas viam deuses espirituais nos rios e nas árvores. Rezavam aos espíritos e retratavam as visões que tinham dos deuses em desenhos e esculturas. Próximas da natureza e da expressão criativa, estavam acostumadas a representar suas realidades simbólicas. No seu mundo, os poderes da natureza e da prece eram elementos vitais da vida cotidiana. As estações e os rituais a elas relacionados davam às pessoas a consciência do seu lugar na ordem das coisas; conheciam a harmonia entre os mundos interior e exterior. Eis o equilíbrio que nos falta. Aprendemos a manipular o mundo exterior, mas nesse processo abandonamos o reino interior.

O subconsciente, que existe abaixo do nível do pensamento consciente, é passivo, porém poderoso. Pode tornar-nos doentes ou curar-nos. Pode enriquecer-nos ou destruir-nos. Somos anjos ou demônios, dependendo do estado do nosso inconsciente, onde se ocultam os pensamentos que reprimimos e os sentimentos que desconhecemos. Daí que seja tão importante aprender a sua linguagem. Para que ele opere a nosso favor, precisamos comunicar nossos desejos ao inconsciente, que por sua vez nos propiciará o controle sobre nós mesmos e, por conseguinte, sobre a nossa vida. Uma vez no comando, podemos assumir o controle do veículo do nosso ser para guiar-nos através das experiências da vida.

O condutor da carruagem representa a mente ou o espírito guiando o corpo através da vida. Sua mensagem é que, em vez de sermos jogados de um lado para o outro pela vida, podemos aprender a dominá-la.

Capítulo 9
A Força

O símbolo da Força representa a energia vital do eu superior. Essa força provém do emprego da energia positiva do espírito, que tem o poder de dominar os impulsos inferiores.

Contemplando...

A Força

O leão é subjugado pela mulher. Ela tem a capacidade de resistir, apesar de todos os obstáculos; tem a determinação, a perseverança, a coragem e a energia necessárias ao êxito. Ela representa a liberdade no tocante à repressão, graças à perseverança e à vitalidade. Tem um entusiasmo apaixonado pela vida.

A mulher que subjuga o leão olha para você. Você é inundado por uma vigorosa sensação de seu próprio poder e força pessoal. Ela lhe pede que relate por escrito uma dificuldade ou

um problema que o tem preocupado: ______________________________

____.

Você é capaz de controlar o leão por ______________________________.

O leão representa o seu (a sua) ______________________________.

Você deve____.

Você pode ____.

O que você lucrará se controlar o leão? ______________________________.

A mulher lhe diz para se lembrar ______________________________.

Seu aviso é que ____.

A mulher usa o amor pela vida como fonte de força, ao mesmo tempo que aproveita a energia do animal. Ela aprendeu a assimilar-lhe o poder e a usá-lo como sendo seu. Isso lhe confere a vontade de ter êxito. Ela simboliza a habilidade de controlar a fera para que deixe de representar uma ameaça para você.

O leão representa o impulso para o poder, que podemos aprender a transformar em energia espiritual.

Diga para si mesmo:
Libero a energia dos meus maiores receios, fraquezas e repressões e a uso como fonte de vitalidade e de poder que me possibilita realizar meus sonhos mais elevados.

Examinando...

O Leão

Imagine que você está diante de um leão.

Ele diz ____.

Depois ele lhe diz que __________________________________.

O leão diz:

Eu sou ____.

Eu quero ____ .

Posso dar-lhe ____ .

Eu sempre ____ .

Como se sente em relação ao leão? _____________________________________ .

O leão representa a força e o poder, que você pode usar para o seu crescimento pessoal.

Contemplando...

Maneiras de ver as coisas

Olhe pela janela e procure uma árvore. Veja-a como um espécime botânico. Pense nela em função de suas categorias: é perene ou decídua, nova ou velha, forte ou fraca? É maior ou menor do que outras da mesma espécie que você já viu? Como você a compara com as outras árvores ao redor dela?

Descreva a árvore: ____

____ .

Feche os olhos. Olhe novamente para a árvore, mas desta vez como se nunca tivesse visto uma árvore. Repare na maneira como a luz rebrilha nas suas folhas e no modo como estas balançam ao vento. Observe a cor e a forma da árvore. Tente percebê-la direta e emocionalmente, permitindo-se experimentar os seus sentimentos em relação à árvore. Finja por um momento que você é a árvore; sinta a consciência da árvore inundar-lhe a mente e o corpo.

Descreva a árvore tal como ela lhe parece agora: ______________________________

____

____.

Contemplando...

Duas Maneiras de Ver as Coisas

Da próxima vez que for ao supermercado, pense sobre a sua lista de compras e concentre-se nos itens que a compõem. Examine os objetos de que precisa, compare os ingredientes e as quantidades relacionadas nos rótulos. Pense na embalagem – ela realmente representa o produto? Pense nos preços relativos e no produto que apresenta o melhor preço.

Feche os olhos e faça uma pequena pausa. Tente imaginar agora o estabelecimento como um todo. Abra os olhos e olhe para a luz que invade os corredores do supermercado. Observe a temperatura do ambiente. Tome consciência dos cheiros ao seu redor. Observe a cor e a textura das caixas, das embalagens e dos produtos. Escute os sons – as pessoas, a música de fundo, as máquinas, o sistema de intercomunicação. Sinta o ambiente, torne-se parte dele.

Dissocie-se agora do que está ao seu redor.

Compare as duas experiências. (Talvez você queira descrever as suas percepções intuitivas num diário.)

Tudo o que você faz na vida pode ser direcionado para uma meta e centrado num fato ou ainda num estímulo sensorial. Experimente os dois modos de percepção da próxima vez que estiver no meio da multidão, no jardim zoológico ou simplesmente ao ar livre. Com a prática, você poderá aprender a decidir à vontade qual a modalidade a ser usada e escolher a que melhor convier ao momento, em vez de ficar encurralado numa semiconsciência, usando somente uma parte das suas faculdades.

Contemple a beleza ao seu redor; ela se tornará parte de você.

Contemplando...

O Olho

Sente-se numa posição confortável, respirando tranqüilamente. Feche os olhos e imagine que existe um olho no meio da sua testa. Visualize claramente esse olho.

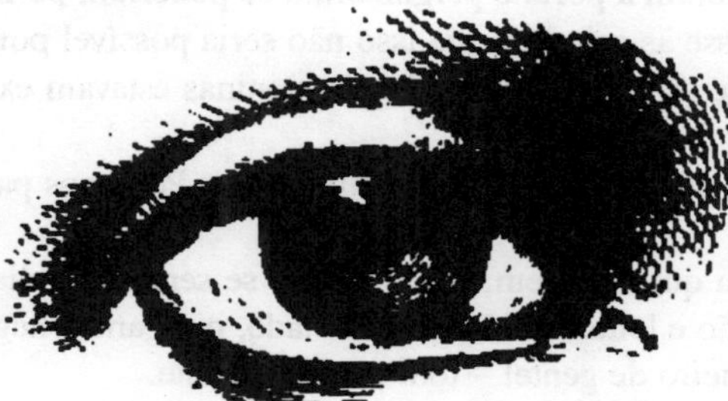

O olho lhe diz:

Eu sou o seu ____

Eu posso ____.

Eu quero ____.

Eu vejo____.

Eu me lembro ____.

Eu secretamente____.

Eu sei que ____.

O olho representa a faculdade da visão intuitiva, da iluminação e da onisciência.

A História de Molly Whuppie

Era uma vez um homem e uma mulher que tinham tantos filhos que não conseguiam alimentar a todos. Por isso o homem levou suas três filhas mais novas para o interior da floresta e ali as abandonou.

As meninas vagaram pela floresta durante toda a noite, até que encontraram uma casa iluminada. Bateram à porta e perguntaram se poderiam pernoitar por lá.

A dona da casa disse às crianças que isso não seria possível porque seu marido era um gigante que as mataria se as encontrasse. Mas as meninas estavam extremamente cansadas e insistiram:

– Por favor, deixe-nos ficar e descansar um pouco. Podemos partir antes que o gigante volte para casa.

A mulher permitiu que ficassem, fez com que se sentassem diante da grande lareira e deu-lhes um pouco de pão e leite. Mal haviam sentado, o gigante chegou.

– Humm, sinto cheiro de gente! – tonitruou o gigante.

– São apenas três crianças sem lar. Deixe-as passar a noite aqui – pediu a mulher. Por fim ele concordou.

O gigante jantou e depois disse às três meninas que iriam dividir a cama com suas três filhas. Antes de deitar-se, ele amarrou uma corda no pescoço das três meninas e uma corrente de ouro em volta do pescoço das filhas.

A mais nova, que se chamava Molly Whuppie, ficou inquieta por causa da corda que o gigante colocara em volta do pescoço dela e de suas irmãs, e por isso ficou acordada, enquanto as outras dormiam. Quando toda a casa estava em silêncio, ela tirou as cordas, passou-as em volta do pescoço das filhas do gigante e colocou as correntes de ouro no próprio pescoço e no das irmãs. Depois, se deitou novamente.

Altas horas da noite, o gigante levantou-se, pegou as meninas que tinham as cordas ao redor do pescoço e espancou-as até a morte. Molly acordou as irmãs e todas correram para a floresta o mais depressa possível. Em breve chegaram a um grande castelo onde, mais uma vez, pediram permissão para ficar.

Molly contou ao rei sua aventura com o gigante. O rei disse:

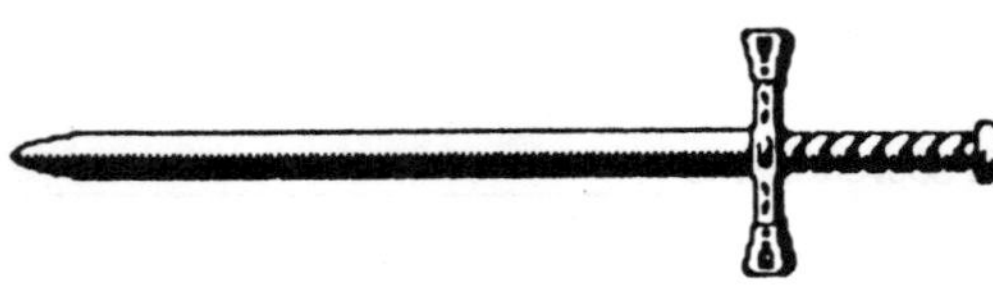

– Molly, você é uma menina esperta. Se voltar aqui e me trouxer a espada mágica do gigante, sua irmã mais velha se casará com meu filho mais velho.

– Vou tentar – disse Molly. Tornou, pois, à casa do gigante e silenciosamente roubou-lhe a espada. Mas o gigante acordou e perseguiu-a pela floresta. Molly correu até alcançar a Ponte do Fio de Cabelo. Correu sobre ela, mas o gigante era grande demais e não pôde segui-la.

Quando Molly entregou ao rei a espada do gigante, sua irmã mais velha casou-se com o filho mais velho do rei.

Disse então o rei:

– Molly, você é uma menina esperta. Se voltar à casa do gigante e me trouxer sua bolsa de ouro, sua irmã do meio se casará com meu filho do meio.

– Vou tentar – disse Molly. Voltou à casa do gigante e, estando este profundamente adormecido, roubou-lhe a bolsa de ouro. Mas, antes que pudesse escapar, ele acordou e perseguiu-a pela floresta até que ela alcançou a Ponte do Fio de Cabelo. Mais uma vez, Molly atravessou-a, mas o gigante era grande demais e não pôde segui-la.

Quando entregou ao rei a bolsa de ouro do gigante, ele disse:

– Molly, você é uma menina esperta. Se conseguir tirar o anel do gigante do dedo dele, você se casará com meu filho mais novo.

– Vou tentar – disse Molly. Ela voltou mais uma vez à casa do gigante e, estando este profundamente adormecido, puxou o anel do dedo dele. Mas o gigante acordou e capturou-a.

O leão representa o impulso apaixonado e voraz na direção do poder. Quando esse impulso é material em vez de espiritual, ele se torna destrutivo.

– O que você faria se pegasse um ladrão roubando o seu anel? – perguntou o gigante a Molly. A esperta Molly respondeu:

– Eu o poria num saco junto com o gato e o cachorro, deixá-lo-ia pendurado num gancho, iria à floresta procurar um cajado e depois o espancaria com ele.

– E é exatamente isso o que vou fazer com você! – exclamou ele. Botou Molly num saco com o gato e o cachorro, pendurou-o num gancho e foi procurar um cajado.

Enquanto ele não voltava, Molly declarou com voz melodiosa:

– Como isto é bonito!

A mulher do gigante implorou a Molly que lhe mostrasse o que achava tão bonito. Molly lhe disse para fazer um buraco no saco e entrar dentro dele. Quando a mulher fez o que Molly havia dito, Molly saiu do saco. Depois, costurou o buraco e escondeu-se atrás da porta.

O gigante logo voltou com um grande cajado e bateu no saco. Sua esposa gritou:

– Pare! Sou eu que estou aqui dentro! – Mas o gato e o cachorro faziam tanto barulho que o gigante não conseguia ouvi-la.

Molly, não querendo que o gigante machucasse gravemente a mulher, saiu de trás da porta. O gigante perseguiu-a até a Ponte do Fio de Cabelo. Molly atravessou-a e o gigante, que era grande demais, não pôde segui-la.

De volta ao castelo, Molly casou-se com o filho caçula do rei. E nunca mais viu o gigante.

Nesta história, a força e a coragem de Molly lhe permitem sobrepujar o gigante, ou a natureza animal primitiva que jaz dentro dela (ou da espécie humana). Toma do gigante a espada, as moedas e o anel – as fontes mágicas de seu poder, que ela então transforma em energia positiva para uso próprio. A menina não é destruída pelo gigante; em vez disso, encontra maneiras de empregar os recursos dele de um modo novo e positivo na sua vida.

O símbolo da Força representa os sacrifícios do ego e da consciência de si mesmo – que se transforma em luxúria, ganância e em outros impulsos primitivos – em prol das forças espirituais interiores, que podem ser libertadoras e poderosas. As faculdades do espírito nos ajudarão a domar os instintos animais inferiores que nos governam.

Os demônios desta ilustração representam os instintos animais inferiores ou os sete pecados mortais (a ira, a avareza, a inveja, a gula, o orgulho, a luxúria e a preguiça).

Na figura abaixo, o leão está devorando o sol. Esse fato simboliza as violentas paixões que podem dominar a consciência. Quando o impulso para o poder (o leão) se concentra num nível material, sua força se corrompe. Ele se torna um vício e, por conseguinte, pernicioso. Mas quando a paixão é espiritual, esse símbolo representa a transformação e a ressurreição pessoal. Este é o capítulo da Força, no qual a energia avassaladora do leão é dominada e usada em prol da vida como energia vital positiva.

O leão que devora o sol representa a consciência do eu, que pode esmagar os desejos violentos.

Reflexões...

Usando Palavras para nos Afastar do Mundo

Na figura da Força do início deste capítulo, a mulher usa o poder espiritual, os recursos interiores para harmonizar-se com os impulsos inferiores. Não procura destruir esses impulsos; em vez disso, subjuga-os e aprende a transformar-lhes o poder a fim de usá-los para seus propósitos mais elevados. Ela pode fazê-lo graças aos poderes da sua natureza espiritual, sentindo e experimentando diretamente a vida, sem tentar analisá-la ou manipulá-la.

Esse processo pertence ao mundo da criatividade e da inspiração, onde o observador e o objeto observado de certo modo se confundem. Tal é a experiência que temos quando imaginamos ou visualizamos algo; a coisa que vemos ou visualizamos torna-se parte de nós mesmos.

Em muitas religiões, as imagens e a meditação são usadas como formas de nos identificar com a divindade e de obter a consciência de união com ela; de conhecer a Deus como força viva interior, e não como ilusão exterior. Nos *Yoga Sutras*, por exemplo, acredita-se que se concentrarmos a atenção num lugar ou objeto, seremos capazes de concentrar-nos tão completamente que conseguiremos fundir-nos com ele; e, enfim, seremos capazes de perceber totalmente a verdade desse objeto.

Por toda a história da civilização ocidental, o lado literal e linear tem disputado com o lado figurativo e metafórico o predomínio na nossa maneira de encarar a vida. Como sabemos, na nossa cultura a palavra venceu a imagem. Para nós, o tipo de pensamento intuitivo, do hemisfério direito do cérebro, que percebe as coisas através de símbolos, sentimentos, imagens e poesia, foi subjugado pelos processos racionais, baseados na linguagem.

No entanto, em algumas sociedades, mesmo nos nossos dias, o inverso é verdadeiro. Em Bali, por exemplo, o mundo espiritual é mais importante que o mundo material. Existem culturas espalhadas pelo mundo nas quais a vida das pessoas está relacionada com o meio ambiente de um modo emocional e físico, mediante cerimônias, danças, canções e drama. Nessas culturas, as pessoas experimentam continuamente uma ligação com o universal e o mítico, com as esferas visíveis e invisíveis.

Na nossa cultura, desenvolvemos palavras graças às quais podemos separar-nos do nosso ambiente, até nos tornarmos incapazes de vivenciar pessoal e internamente a natureza. Em vez disso, recuamos e analisamos a vida com o fito de manipulá-la.

Nos primórdios da história, a linguagem (os hieróglifos e os ideogramas, por exemplo), correspondia tanto à realidade universal quanto à particular. Essas linguagens se baseavam em imagens que representam uma parte vívida da vida das pessoas. Hoje usamos as palavras como ferramentas que nos facultam classificar as experiências para não precisarmos responder a elas.

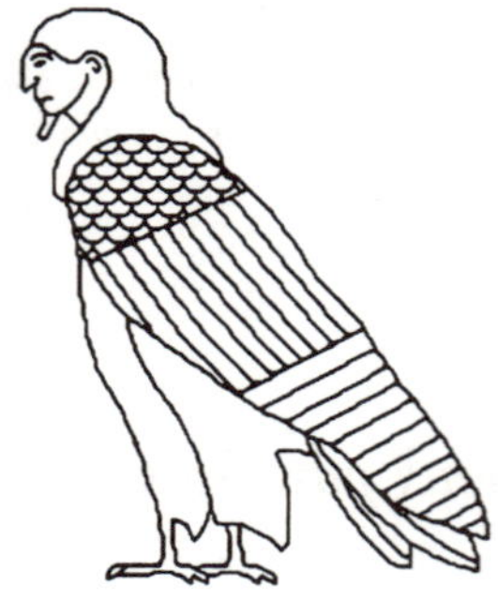

O símbolo egípcio para a alma.

Não obstante, ainda é possível para nós aprender a ver com mais precisão e participar mais plenamente da beleza do mundo ao nosso redor se ficarmos mais conscientes dos pormenores. Se prestarmos atenção ao mundo em derredor, poderemos tornar-nos completamente vivos e entrar em sintonia com a totalidade da vida e seu potencial de felicidade e beleza. Os detalhes que hoje nos rodeiam representam a essência da nossa existência. Se repararmos nos pontos mais sutis, poderemos apreciar este momento antes que ele desapareça.

Podemos treinar-nos para tornar a ver as verdadeiras imagens das coisas, em vez de desprezá-las. Ao reparar na beleza circundante, vivemos plenamente esse momento e podemos também desenvolver um ponto de vista positivo. Depois de nos tornarmos hábeis observadores, poderemos aprender a usar a visão interior para enriquecer a nossa vida. Esse é o ponto no qual o desenvolvimento mental transcende as palavras e nos leva a transpor o mundo imediato e literal, conduzindo-nos ao infinito.

Quando usamos as palavras para criar uma fina camada de realidade que justifique os nossos motivos inferiores – nossa ganância de poder e controle, nossa mesquinhez, luxúria e ciúme –, somos incapazes de participar realmente da verdadeira beleza da existência e jamais poderemos estar realmente vivos. Acabamos por jogar Monopólio em vez de viver.

Este símbolo nos lembra que podemos aprender a usar os poderes da fera e transformá-los em energia positiva para a vida.

Capítulo 10
O Eremita

O Eremita segura a lanterna da verdade. Representa aquele que mostra o caminho, iluminando a senda para os que buscam a luz. Ele é a fonte de toda a sabedoria pessoal e a meta de todo empreendimento.

Contemplando...

O Eremita

Você viajou para bem longe e já viu muitas coisas. Está caminhando no escuro, seu caminho está envolto pelas sombras. Você tomou a senda recolhida e introspectiva em busca de algo que está oculto.

O Eremita ergue-se nas sombras. Ele encontrou inspiração, sabedoria e paz de espírito – encontrou a própria alma.

Ele lhe diz:

Eu sou ______________________________.

Eu vejo ______________________________.

Eu tenho ______________________________.

Eu quero ______________________________.

Eu sigo ______________________________.

A mensagem secreta que o Eremita lhe transmite é ______________________________

______________________________.

O Eremita abandonou as convenções da sociedade para seguir suas convicções interiores. Já não é meramente um espelho que reflete a influência das circunstâncias exteriores. O símbolo do Eremita representa a prudência, a cautela e a moderação em prol da introspecção.

O Eremita representa a solidão e o recolhimento no eu, onde existe paz e sabedoria.

Diga para si mesmo:
Perscruto a mim mesmo buscando a orientação do meu eu superior enquanto avanço na direção de um entendimento mais profundo e da iluminação.

O antigo e adorável poema mandeu que se segue, citado no livro *The Gnostic Religion* de Hans Jonas, expressa o simbolismo do Eremita, que perscruta a si mesmo buscando a renovação da vida e a transformação do coração.

O Poema do Eremita

Desde o dia em que te contemplamos,
desde o dia em que ouvimos a tua palavra, nossos corações se encheram de paz.
Acreditamos em ti, Bondoso Ser,
contemplamos a tua luz e não te esqueceremos.
Não te esqueceremos dia algum, em hora alguma estarás ausente dos nossos corações,
Pois nossos corações não ficarão cegos,
estas almas não ficarão para trás.

Parti do lugar de luz, de ti, brilhante habitação...
Um Uthra que me acompanhou desde a morada da Grande Vida
Segurava um bastão de água viva.
O bastão que ele segurava
estava cheio de folhas de excelente qualidade.
Ele me ofereceu as suas folhas,
e preces e rituais emanaram completos da haste.
De novo, ofereceu-me as folhas
e meu coração doente encontrou consolo.
Uma terceira vez ele mas ofereceu,
e fez com que os olhos do meu rosto se voltassem para cima
e eis que contemplei o meu Pai, e o conheci,
e fiz-lhe então três pedidos.
Pedi-lhe uma mansidão onde não houvesse rebeldia.
Pedi-lhe um coração forte
para tolerar o grande e o pequeno.
Pedi-lhe caminhos suaves
para subir e contemplar o lugar da luz.

Na solidão e no isolamento o Eremita pode ter acesso às reservas de energia e de percepção divinas.

Desde o dia em que passei a amar a Vida,
desde o dia em que o meu coração passou a amar a Verdade,
deixei de confiar no mundo.
No pai e na mãe
não confio no mundo.
Em irmãos e irmãs
não confio no mundo...
No que é feito e criado
não confio no mundo.
Em todo o mundo e em suas ações
não confio no mundo.
Só busco a minha alma,
que vale para mim mundos e gerações.
Parti e encontrei a minha alma.
Que valem para mim todos os mundos?...
Parti e encontrei a Verdade
que se ergue na orla exterior dos mundos...[8]

Há mais de vinte e três símbolos nesta ilustração, incluindo "a Verdade que se ergue na orla exterior dos mundos".

Contemple...

A Lanterna

Há uma lanterna na estrada à sua frente. Você a apanha. Ela brilha sobre o mundo, iluminando tudo de uma nova maneira.

Você vê ____.

Você percebe ______________________________________.

Você compreende____________________________________.

A lanterna mostra ___________________________________.

Ela significa______________________________________.

A lanterna é sua____________________________________.

A lanterna representa a luz da divindade. É o símbolo da imortalidade e da sabedoria. Representa também a orientação, especialmente a orientação divina. As coisas que você vê, percebe e sente com relação à lanterna são as suas respostas à sabedoria e à orientação. Sua reação diante da lanterna indicará como você se sente quanto ao aspecto da imortalidade e da sabedoria divina. Talvez a lanterna contenha uma mensagem que lhe possa proporcionar um novo entendimento e percepção.

Contemplando...

O Manto

Perto da lanterna você encontra um manto. Você o veste e verifica que ele lhe serve à perfeição. Quando o manto o envolve em suas profundas dobras:

Você sente ______________________________.

Você é ______________________________.

Você pode ______________________________.

Você quer______________________________.

O manto é seu ______________________________.

Usando esse manto, você pode ______________________________.

O manto é um símbolo de recolhimento e obscuridade. Pode simbolizar ocultamento e proteção.

Como você se sente em relação ao manto? Por este exercício você pode descobrir como se sente quanto ao fato de se recolher e se ocultar. O manto pode parecer-lhe ameaçador, e talvez você queira considerar as vantagens de ter um tempo e um espaço para si mesmo, longe do mundo. Ou o manto pode ser bem-vindo e transmitir-lhe segurança. Você se recolhe com freqüência? Consegue descobrir as razões para sentir que precisa se esconder?

Contemplando...

O Bastão

Você encontra um bastão encostado numa árvore. Ele é bem rígido e você nota que se encaixa na sua mão.

Enquanto você segura o bastão, você percebe____________________________________.

Você compreende____.

Você tem ____.

O bastão é o seu ____.

Com ele você pode ____.

Você põe o bastão ____.

Você decide que irá ____.

O bastão representa o poder masculino, a autoridade, a dignidade e o poder mágico. É também o símbolo de uma jornada ou de uma peregrinação.

O que você pode aprender a respeito dos seus sentimentos internos relacionados com o poder e a dignidade a partir da sua reação diante do bastão? Você o segura com facilidade e entusiasmo? Ou reluta em pegá-lo? Quais são os seus sentimentos a respeito da sua jornada ou peregrinação? Você pega o bastão e segue em frente, ou preferiria soltá-lo e voltar?

Contemplando...

O Manto, o Bastão e a Lanterna

Agora você está vestindo o manto. Você segura o bastão numa das mãos e a lanterna na outra.

Você sente ______________________________.

Você pode ______________________________.

Você tem ______________________________.

Você quer ______________________________.

Você sabe ______________________________.

Você vê ______________________________.

A lanterna, o bastão e o manto são os recursos do Eremita, que se recolheu em busca de orientação interior na sua jornada.

Como você se sente quanto a assumir as características do Eremita ao olhar para dentro de si mesmo em busca de orientação interior durante essa peregrinação rumo a um entendimento pessoal mais profundo? Você tem alguma reação negativa? Caso afirmativo, é capaz de descobrir o que o vem bloqueando? Ou se sente ardoroso e confiante enquanto segue o seu caminho? Acodem-lhe novas percepções que o ajudam a compreender quem você é e por que se sente como está se sentindo?

Assumindo a Responsabilidade

Sempre encontraremos respostas para os problemas que enfrentamos na vida, se estivermos dispostos a manter a mente aberta. Em primeiro lugar, contudo, precisamos atuar baseados na suposição de que as respostas podem ser encontradas, o que implica a existência de algum tipo de significado e coerência na vida.

Somos livres para acreditar que nascemos para cumprir um determinado objetivo ou que somos insignificantes. Como podemos escolher no que acreditar, fica clara a vantagem de acreditarmos que a vida tem significado e que nós somos importantes. Quando aceitamos que a vida tem significado, ela se torna importante; quando supomos que algo é verdadeiro, encontramos a prova demonstrativa de tal suposição.

Fazemos escolhas a cada minuto da nossa vida. Mesmo quando nos encontramos numa circunstância na qual parece não haver escolha, podemos decidir como reagir diante dessa circunstância. Em geral, porém, estamos à altura de tomar decisões e assumir a responsabilidade pelas coisas que acontecem conosco. Temos o controle dos fatos. Controlamos nossas ações e reações diante das pessoas e das experiências. É claro que nossas escolhas são limitadas mas, se aceitarmos esse fato e ajustarmos a ele as nossas atitudes, continuaremos a controlar as nossas reações.

Por mais fortes que sejam as condições externas, elas não podem determinar quem e o que iremos nos tornar. Nós é que fazemos isso. Nós é que decidimos o que fazer, e somos nós, ainda, que devemos escolher permanentemente o caminho que iremos seguir.

A Decisão de Assumir uma Perspectiva Positiva

Quando alguma coisa não dá certo, podemos resolver encarar esse fato como um indício do nosso fracasso e deixar de avançar. Nesse caso, não há dúvida de que a infelicidade e o descontentamento estão à nossa porta. Por outro lado, podemos usar o desânimo como um desafio que nos incentiva a lutar com mais empenho e decidir não aceitar nada que esteja abaixo da nossa meta.

Para que possamos viver plenamente a vida, precisamos fazer escolhas positivas. As condições externas são inegavelmente importantes, mas cada um de nós tem o poder de decidir quem é e o que será no futuro. Nossa atitude em relação a nós mesmos ensina às outras pessoas como devem nos tratar.

Se pudermos aceitar a adversidade como parte natural da vida, encontraremos a energia para aprender com ela. Quando deixamos de definir a adversidade como nossa adversária, aceitando-a como parte natural da vida, ela pode tornar-se um dos pontos cruciais do nosso desenvolvimento. Não precisamos interpretar a adversidade como um inimigo; em vez disso, podemos vê-la como uma oportunidade de crescimento.

A simples decisão de aceitar a idéia de que somos importantes e de que a vida tem significado é uma maneira de assumir a responsabilidade pela nossa vida. Somos estimulados a abordar as nossas experiências de forma ativa quando pensamos na nossa vida em função das maneiras pelas quais podemos dar uma contribuição. Essa atividade, por si só, é estimulante; é a atividade da vida, e traz consigo suas próprias satisfações.

O prazer e a felicidade não são experiências passivas, e não se pode encontrá-los retrospectivamente. Em geral pensamos na felicidade como algo que nos acontece quando estamos esperando por ela, mas na verdade o prazer e a felicidade são estados ativos. De fato, a atividade produz prazer, e a felicidade é conseqüência da ação.

O Eremita procurou sua alma durante longo tempo e a encontrou; ela lhe proporciona a iluminação, a sabedoria e a paz. Agora que encontrou sua própria luz, ele já não depende do mundo material. A mensagem do Eremita é que você precisa olhar dentro de si mesmo para poder entrar em contato com o eu oculto.

A figura do Eremita representa a força e a autonomia de uma pessoa que busca dentro de si a aprovação e a orientação e não é influenciada pelas circunstâncias exteriores ou pelo que os outros possam pensar ou fazer. O Eremita traz sua própria luz, nascida da autocompreensão. Usa o manto que o protege das vicissitudes exteriores e segura o bastão da responsabilidade pessoal, da autoridade interior e da autoconfiança.

Usando a sua luz interior, o Eremita (com sua lanterna, seu manto e seu bastão) é capaz de superar a adversidade e encontrar a satisfação pessoal (representada pela mulher).

A Avaliação da Atitude

Os exercícios que se seguem podem ser usados para esclarecê-lo mentalmente sobre quem você é, sobre onde você quer chegar e sobre o que você quer da vida.

Use uma folha avulsa de papel ou o seu diário para relacionar suas respostas às seguintes perguntas:

Avaliações

1. O que você aprecia em si mesmo? Relacione todas as suas qualidades.

2. O que é bom na sua vida? Relacione tudo o que tem a seu favor – seu emprego, o lugar onde mora, amigos, família, educação, gosto, estilo –, tudo quanto o faz sentir-se bem na vida.

3. Relacione suas realizações. Inclua todos os obstáculos superados e todas as vitórias alcançadas.

4. Faça uma lista das experiências mais importantes que já teve, aquelas que exerceram um efeito fundamental na sua vida.

Metas

1. Relacione todas as coisas que gostaria de mudar em você.

2. Faça uma lista das coisas que gostaria de realizar.

3. Relacione as metas mais importantes da sua vida, tudo o que gostaria de fazer, ter e ser.

Contemplando...

Afirmações para Reprogramar Suas Atitudes

Se você tomar a decisão de mudar de vida, certamente é capaz de fazê-lo. Tire uma fotocópia desta página e cole-a no seu espelho. Repita em voz alta, para si mesmo, cada uma das frases que se seguem, pelo menos duas vezes por dia, durante trinta dias. A mensagem será ouvida pelo subconsciente e se tornará parte integrante de sua vida.

1. Relacione as coisas que aprecia em si mesmo:

Eu sou ____.

2. O que é bom na sua vida?

Eu tenho____.

3. O que você realizou?

Realizei ____.

4. O que você considera uma experiência máxima na sua vida, uma ocasião em que estava no auge?

Lembro-me de quando____.

5. O que gostaria de mudar em você?

Estou me tornando____.

6. O que você gostaria de mudar na sua vida?

Minha vida está se tornando mais ______________________________.

7. O que você gostaria de realizar no futuro?

Eu vou ____.

8. Quais as metas mais importantes da sua vida?

Eu quero ____.

Eu posso ____.

Revisão da 3ª Etapa

Na 3ª Etapa você percorreu o estágio interior e introspectivo da sua jornada. Os Amantes, a Carruagem, a Força e o Eremita lhe deram ferramentas que serão úteis à medida que você prosseguir no seu caminho. Faça por escrito um breve resumo da sua experiência dessa parte da sua jornada.

Anote os sentimentos e percepções intuitivas mais importantes que você teve em decorrência das viagens empreendidas até agora.

4ª Etapa
A Busca

Você chegou a um platô. Você nasceu, foi iniciado e alcançou um conhecimento mais profundo de si mesmo e da vida. Está agora preparado para o próximo estágio da jornada, no qual precisa enfrentar desafios e harmonizar-se com seus desejos e temores mais profundos. É chegado o momento de iniciar a sua busca.

Capítulo 11
A Roda da Fortuna

A Roda da Fortuna gira através dos tempos; a totalidade da vida encontra-se num estado de constante mudança. A Roda da Fortuna indica-nos que a vida não é um enigma a decifrar, nem uma meta a atingir, mas um processo de mistério e assombro em permanente transformação. Ela representa o tempo como a eterna rotação dos ciclos da vida em constante mudança.

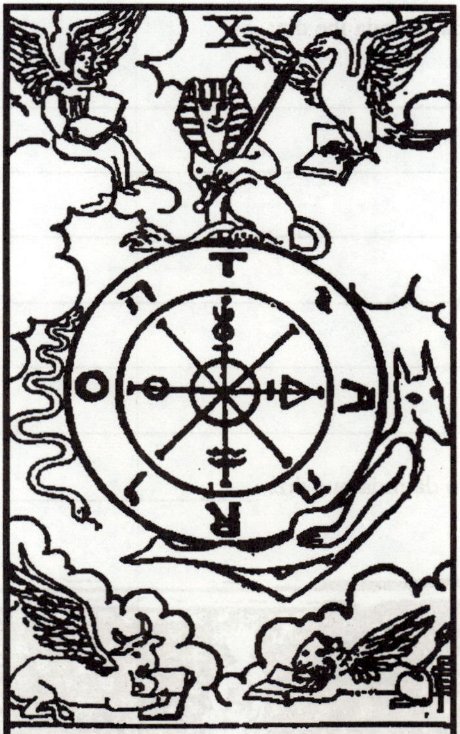

A RODA DA FORTUNA

A Roda da Fortuna

Você deixou o local do Eremita e seguiu viagem. Aqui começa a sua busca. Depois de percorrer muitas milhas sem incidentes, a paisagem gradualmente se altera e você se dá conta de estar se aventurando por terras desconhecidas. O céu se encobre e as nuvens se adensam enquanto você avança. Seu caminho já não está desimpedido. Você faz uma pausa para decidir que direção tomar; de repente, um enorme círculo semelhante a uma roda de oito raios surge das nuvens. Uma esfinge está sentada em cima da roda e ao redor dela você pode ver quatro outras figuras – um anjo, uma águia, um leão e um boi.

A esfinge sentada em cima da roda lhe diz:

Você é ____ .

Você quer ____ .

Você pode ____ .

Se você quiser ____ .

Você precisa ____

____ .

Há uma criatura no centro da roda que diz: ______________________ .

A roda representa as mudanças da vida e o desafio de adaptação à mudança.

No centro da roda, o eixo permanece estável. O verdadeiro eu, no centro, não se move, mas faz a roda girar. O aro da roda gira, causando uma constante mudança. Tanto o aro quanto o eixo são parte da mesma roda, cada qual com seu lugar e função.

A Roda da Fortuna revela uma força interior que transcende as mudanças aparentemente aleatórias da vida. Quando aprendemos a viver em harmonia com o centro, ou com o eu mais profundo, podemos controlar a direção da roda da nossa vida.

Diga para si mesmo:
Os ciclos da minha vida me expõem às situações por que preciso passar para atingir o meu pleno potencial. Volto-me para o interior. A partir do meu centro, posso orientar o andamento da minha vida.

A Roda

Imagine que você deparou com uma velha roda.

Qual a cor da roda? ________________________________.

De onde ela veio? ________________________________.

Para onde ela viajou? ________________________________.

Para que ela foi usada? ________________________________.

Como se sente a respeito dela? ________________________________.

A roda representa as mudanças da vida
Quando aprendemos a viver em harmonia
com o centro, podemos controlar a direção da roda.

A roda representa o ciclo vital. Suas respostas às perguntas deste exercício indicam seus sentimentos a respeito dos ciclos de mudança na sua vida.

As Duas Criaturas

Imagine que está passeando quando, de repente, uma criatura emerge da sua cabeça.

Qual a aparência dessa criatura? ______________________________.

Como você se sente em relação a ela? ______________________________.

O que ela diz? ______________________________.

A seguir, uma criatura emerge do seu estômago.

Qual a aparência dessa criatura? ______________________________.

Como você se sente em relação a ela? ______________________________.

O que ela diz? ______________________________.

As duas criaturas se encontram. O que acontece? ______________________________.

O que elas dizem uma para a outra? ______________________________.

A criatura da sua cabeça diz: ______________________________.

A criatura do seu estômago diz: ______________________________.

A criatura da sua cabeça representa seu eu racional. A criatura do seu estômago representa suas reações espontâneas, seus sentimentos e instintos. A forma como essas criaturas se relacionam entre si mostra como essas duas partes do seu ser interagem. Um dos lados é dominante? Existe violência entre elas? Uma resposta afirmativa indica que os dois processos não funcionam harmoniosamente, em conjunto. Nesse caso, você talvez queira considerar o fato de seu inimigo ser na verdade uma parte de você mesmo.

Trabalhe durante algum tempo para equilibrar essas duas partes, fazendo com que as duas criaturas mantenham um diálogo a fim de chegarem a um acordo. Se um dos lados for muito mais forte do que o outro, você poderá fornecer-lhe alguns recursos adicionais, como novos poderes ou armas. Sente-se tranqüilamente e visualize suas duas partes em estado de equilíbrio e harmonia.

Contemplando...

O Diálogo entre os Dois Lados

Este exercício o ajudará a obter discernimento e entendimento quando estiver confuso com relação aos seus sentimentos. Talvez precise de mais folhas de papel, ou do seu diário, para responder plenamente às perguntas que se seguem.

Pense numa situação importante que esteja enfrentando neste momento, ou que o venha incomodando ultimamente. Imagine a questão como tendo dois aspectos opostos e conflitantes.

1. Descreva por escrito os dois lados da questão. ______________________________

____.

2. Imagine que você está olhando para um espelho. O reflexo representa um dos lados da questão; você representa o outro. Deixe primeiro que o espelho exponha a sua posição. Em seguida permita que o outro lado, o *seu* lado, fale. ______________________________

____.

3. Continue com esse diálogo entre os dois lados até que toda a situação seja discutida e você sinta que compreende as forças conflitantes dentro de você. ______________________

____

____.

4. Imagine agora que os dois lados chegam a um acordo, a um ajuste ou um entendimento mútuo. Relate o ocorrido por escrito. ______________________________________

____.

Pense a respeito dessa solução e em como ela poderá ajudá-lo a lidar mais eficazmente com sua situação.

Nascido com Sorte

Certa vez um pai reuniu seus três filhos. Deu ao primeiro um galo, ao segundo uma foice e ao terceiro um gato. Então lhes disse: "Estou velho e já não tenho muito tempo de vida. Vocês sabem que não tenho dinheiro, mas quero lhes dar algo antes de morrer. Por isso escolhi estas coisas. Usem-nas com sabedoria. Se as levarem a uma terra onde elas ainda forem desconhecidas, ficarão muito ricos."

Depois da morte do pai, o filho mais velho partiu com o galo, mas aonde quer que fosse os galos já eram conhecidos. Finalmente, chegou a uma ilha onde os galos ainda eram desconhecidos e as pessoas nem sequer sabiam ver as horas. O rapaz mostrou aos habitantes da ilha como sua ave cantaria três vezes durante a noite a intervalos regulares, sendo a última vez logo antes do amanhecer. As pessoas ficaram encantadas com o galo e pagaram ao rapaz uma fortuna por ele.

O segundo filho, vendo quão bem-sucedido fora o irmão, partiu com sua foice em busca de um lugar bem distante onde as pessoas nunca tivessem visto algo semelhante. Chegou enfim a uma ilha remota, bem na época da colheita do grão dos campos, e mostrou ao povo como usar a foice. Os ilhéus ficaram tão agradecidos pela foice que pagaram uma fortuna por ela.

O terceiro filho partiu com o seu gato. Depois de viajar para uma terra distante, encontrou finalmente uma cidade que não tinha gatos e estava assolada por ratos. O gato pôs-se imediatamente a caçar os ratos do palácio do rei. As pessoas ficaram de tal modo encantadas que pagaram ao rapaz uma fortuna pelo gato.

O gato matou todos os ratos do palácio. Depois, ficou com sede e disse: "Miau!" Isso assustou o rei e os cortesãos, fazendo com que fugissem do palácio. Do lado de fora, decidiram enviar uma mensagem ao gato, dizendo-lhe que deixasse imediatamente o palácio. A resposta do gato foi: "Miau!"

O rei tomou esse som como uma resposta negativa e fez bombardear o palácio pelo canhão da cidade. O palácio ficou em chamas. O gato saltou pela janela, mas os homens do rei continuaram a bombardear o palácio até reduzi-lo a cinzas.

Esta história é uma ilustração da idéia segundo a qual podemos ou transformar em oportunidades situações que parecem sem esperança ou deixar de tirar partido das oportunidades, tudo dependendo das nossas atitudes. A vida continua à nossa volta, mas a pessoa que conserva uma perspectiva interior inabalável pode tirar proveito de qualquer situação.

Os três irmãos dessa história foram capazes de fazer fortuna usando a imaginação. O rei causou sua própria ruína porque esperava e imaginava o pior. Não fez investigações nem pediu ajuda. Em vez de encontrar um recurso e tirar vantagem dele, supôs estupidamente que o desconhecido era hostil. Como conseqüência, destruiu desnecessariamente o próprio castelo.

Muitas vezes interpretamos negativamente uma situação ou reagimos a ela de maneiras desnecessariamente destrutivas, ocasionando assim nossa própria ruína. Por outro lado, algo que possuímos e que consideramos comum (como o gato ou o galo da história) pode ser-nos de grande valia, se encontrarmos o lugar adequado para usá-lo.

As figuras sobre a roda acima estão fadadas a subir e a descer segundo as mudanças da sorte, mas a pessoa que aprende a ficar no centro permanece estável e equilibrada.

O símbolo da roda nos lembra que, se mantivermos nosso foco centrado no eixo, poderemos evitar as atitudes autodestrutivas e encontrar maneiras de usar os nossos talentos do modo que mais nos favoreça, em vez de girar sem rumo através dos altos e baixos da vida.

A Roda

Tudo muda. O ciclo da existência corre exteriormente através da nossa vida. Conhecemos a luz e a escuridão, a força e a fraqueza, a alegria e a tristeza, a vida e a morte. Somos arrastados pelo eterno movimento da vida. Se formos governados pela mudança, seremos sempre instáveis e inseguros, conhecendo ora o sucesso e o júbilo, ora o infortúnio e a desolação. A Roda da Fortuna nos ensina que, se pudermos libertar-nos desse ciclo contínuo, seremos capazes de controlar o nosso destino.

No centro da roda está a alma, o ponto de luz ao redor do qual giram o mundo e o universo. Na mitologia antiga, as esferas da roda do mundo e da roda de Deus estão unidas sobre um eixo através do qual o sol brilha e faz circular a energia da existência material e divina. É aí que cresce a árvore da vida, ligando o terreno ao divino.

A existência começa a cada momento. Em torno de cada aqui gira um ali.
O meio está em todos os lugares. O caminho da eternidade é uma curva.

P. D. Ouspensky

Muitas vezes nos vemos como vítimas do giro incessante da roda, que nos trará fadiga ou glória, e somos incapazes de controlar esse movimento. Entretanto, quando conseguimos libertar-nos do ciclo, empregando as faculdades da imaginação e os poderes da fé, podemos encontrar a estabilidade no cosmos em transformação e aprender a controlar o nosso destino. Quando assumimos o comando da nossa vida, podemos descobrir vantagens onde antes não parecia haver nenhuma.

Focalizando o Crescimento

Quando tomamos o negativo e o convertemos em energia produtiva, podemos transformar as piores situações em circunstâncias positivas e benéficas. O fato de compreendermos que existe sempre a possibilidade de crescimento pode mudar nossas atitudes ante as experiências da vida. Essa atitude, por si só, pode estabelecer a diferença entre a felicidade e a infelicidade.

As pesquisas demonstraram repetidamente que a atitude da pessoa afeta profundamente uma situação. Se você esperar o pior, é exatamente isso que receberá. Se procurar o melhor, sem dúvida poderá encontrá-lo. A lição a ser aprendida é que, se mudar sua atitude com relação a você mesmo, e à sua situação, sua vida sofrerá automaticamente uma transformação.

O mundo externo da nossa realidade – a interpretação da existência através das manchetes dos jornais – está quase sempre repleta de mensagens negativas. Essas mensagens negativas externas alimentam nossas inseguranças e temores internos e nos enredam numa nuvem de ansiedades e pressões. Além disso, quando nos vemos a partir de uma perspectiva externa, não podemos nos sentir satisfeitos. Nunca somos suficientemente magros, ricos ou bem-sucedidos. Na verdade, quando nos avaliamos com base em padrões exteriores, nunca somos suficientemente bons. Alguém está sempre na nossa dianteira, de uma maneira ou de outra, se nossa base de comparação for a aparência das outras pessoas.

Só quando aprendemos a avaliar-nos em função de nossos valores internos é que podemos viver num estado emocional positivo, conscientes das contínuas oportunidades de crescimento e satisfação.

Em geral, quando a tensão nos acomete, tentamos ocultá-la ou reprimi-la. Fingimos que não nos lembramos do que nos está incomodando. Descobrimos então que temos um problema de pele, uma úlcera, má digestão, um espasmo ou outro mal secundário qualquer. Se nos recusarmos a dar atenção ao problema interior por um período suficientemente longo, seremos surpreendidos por uma crise existencial. Isso ocorre porque quando negamos os nossos problemas eles sempre revidam. Não podemos esconder-nos deles reprimindo-os.

Se tentarmos contornar um problema culpando outra pessoa ou alguma circunstância atenuante, tornamo-nos incapazes para mudar o problema.

Por outro lado, quando enfrentamos uma situação causadora de tensão e a resolvemos de maneira criativa e positiva, em vez de tentar evitá-la, podemos alterar os efeitos nocivos da experiência transformando-a em novas formas de energia. Por conseguinte, é vantajoso enfrentar a adversidade em vez de negá-la ou de tentar fugir dela. Enfrentar nossos problemas não nos fará mal nenhum. Na verdade, ganharemos ao lidar com a adversidade, porque seremos capazes de encontrar soluções. Além disso, o ato de enfrentar os nossos desafios, por si só, nos conferirá uma renovada energia, entusiasmo e gosto pela vida.

Muito ganha aquele que, quando perde, aprende.
Michelangelo

Nem toda tensão é negativa; tudo depende da maneira como a interpretamos. O copo pode estar meio vazio ou meio cheio.

Se a vida fosse totalmente desprovida de tensão, não estaríamos vivos nem nos desenvolvendo. O corpo e a mente se atrofiariam se não experimentassem alguma tensão. É preciso, claro, lidar com o excesso de tensão e ansiedade para podermos manter uma boa saúde. Mas a felicidade e o bem-estar mental não são produtos da falta de tensão; na realidade, eles surgem quando lidamos eficazmente com os problemas causadores da tensão e quando sabemos contrabalançá-los por meio de técnicas de condicionamento positivo.

A vida de todas as pessoas está repleta de dificuldades e desafios, mas é possível aprender com a dor. Quando compreendemos como um problema se encaixa no ciclo da jornada da nossa vida, podemos determinar o nosso curso adequadamente, e cada experiência se tornará simplesmente uma outra parte do grande esquema da vida.

Se aprendermos a nos desprender da couraça externa das defesas do ego, poderemos aceitar e até amar a nós mesmos e às circunstâncias que nos cercam. É nesse ponto que seremos libertados dos ciclos da Roda da Fortuna e passaremos a controlar a nossa vida.

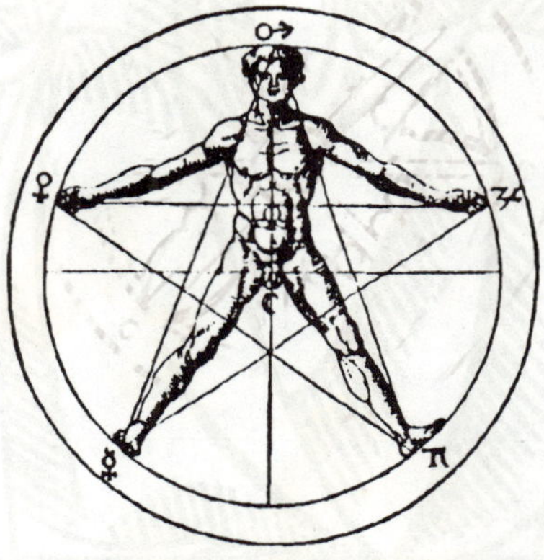

Quando aprendemos a aceitar a adversidade,
podemos nos libertar dos ciclos da fortuna.

Capítulo 12
A Justiça

O símbolo da Justiça representa a faculdade de discernimento, que nos confere uma atitude equilibrada e uma capacidade crítica, além de nos permitir compreender os eventos que ocorrem na nossa vida a fim de determinarmos nossos valores e estabelecermos nossas prioridades. É o símbolo da orientação interior.

Examinando...

A Figura da Justiça

Você continua a percorrer um caminho reto e estreito quando depara com um grande salão. Ao aproximar-se da entrada, vê uma mulher sentada num trono com uma espada na mão direita e uma balança na esquerda. Você tem uma sensação de ordem, harmonia e equilíbrio ao olhar para o grande salão onde ela está sentada. O local é delicado, tranqüilo e muito fresco. A figura da justiça está imóvel e você consegue sentir a calma e o equilíbrio interior que dela emanam.

Ela lhe diz:

Minha lei mais importante é ____________________________________ .

Eu lhe darei minha espada para _________________________________ .

Eu lhe dou a balança para que__________________________________ .

O resultado justo e adequado ocorrerá se você simplesmente ____________________

____ .

A orientação da figura da Justiça lhe dirá o que é necessário na situação em que você se encontra.

Como já vimos, a espada representa o poder e a autoridade. Nesse contexto, ela também representa a justiça e o poder de discernimento. Com relação a que a espada lhe dará o poder de discernimento e a capacidade crítica?

A balança da justiça representa o equilíbrio, a imparcialidade e a harmonia. De que maneira essas qualidades lhe serão úteis, com base nas suas respostas a este exercício? O que você precisa fazer para encontrar o resultado justo e adequado neste momento crítico da sua vida?

Diga para si mesmo:
Sou capaz de distinguir claramente o verdadeiro do falso. Assumo o comando da minha vida e enfrento com coragem as questões que vão surgindo.

Contemplando...

A Espada e a Balança

Você segura a espada na mão direita e a balança na esquerda.

Você é ____.

Você tem ____.

Você quer ____.

Você sente ____.

Você busca ____

____.

Você possui os poderes de discernimento da espada e a harmonia e o equilíbrio interior da balança. Em qual aspecto da sua vida você pode usar melhor esses dons?

Contemplando...

Dois Animais

1. Coloque-se num estado mental tranqüilo, calmo e relaxado.

2. Imagine uma bela cena ao ar livre. Ouça os sons e desfrute a visão da natureza ao seu redor. Sinta o ar fresco e o cheiro das fragrâncias que o inundam. Veja todas as cores e as texturas do dia.

3. Imagine que um animal que simboliza um dos aspectos de um problema ou de uma questão que o tem perturbado se aproxima de você. Procure ver minuciosamente o animal, observando-lhe a cor, a forma e o tamanho.

4. Imagine agora que há outro animal que representa o outro lado do seu problema.

5. Os dois animais se encontram. Há uma confrontação e as criaturas lutam. Observe a cena à medida que ela se desenrola na sua imaginação. Quando a batalha terminar, você compreenderá por que faz o que faz e saberá qual o seu lado mais forte.

6. Caso queira mudar o equilíbrio do poder, dê alguns poderes ou armas ao lado mais fraco para que ele possa vencer a luta.

Quando conseguir imaginar o conflito entre os dois lados de um problema e perceber qual deles detém mais poder, você será capaz de compreender as forças que o motivam e também aprenderá a alterá-las, se necessário.

A História do Avarento

Era uma vez um avarento que vendeu tudo o que tinha e derreteu sua reserva de ouro, transformando-a num único bloco, que a seguir enterrou num campo. Todos os dias ele ia contemplar o local onde seu ouro estava enterrado. Algumas vezes passava longas horas regozijando-se com o seu tesouro.

Certo dia, seu criado reparou nas freqüentes visitas do amo ao local onde estava escondido o tesouro. Seguiu-o e descobriu o segredo do avarento. Então, na escuridão da noite quando não havia ninguém por perto, o criado desenterrou o ouro do avarento e fugiu.

No dia seguinte o avarento visitou o lugar onde escondia seu tesouro e descobriu que este havia sido roubado. Gritou e berrou em desespero, lamentando-se tão alto que seu vizinho o escutou e correu para ver o que estava acontecendo.

O vizinho perguntou ao avarento o que o havia aborrecido tanto. Este explicou-lhe que havia enterrado todos os seus bens terrenos e que a única alegria da sua vida era visitar o local onde estavam enterrados, onde costumava ficar sentado durante horas.

O sábio vizinho disse ao avarento:

– Não se deixe abater por essa perda, meu amigo. Tudo o que tem a fazer é colocar um tijolo no buraco onde o ouro estava enterrado e visitar todos os dias o lugar. Você não estará pior do que antes, quando seu tesouro estava enterrado e não tinha nenhum valor terreno para você.

Diz-se que obtemos da vida aquilo que nela colocamos. Se nos afastamos da vida, acabamos não tendo nada, como o avarento cuja única alegria era contemplar o lugar onde seu dinheiro estava enterrado. Quando superamos as ilusões e distrações externas, conquistamos uma força emocional interior que nos proporciona um poder psicológico que nos permite lidar com a vida com sabedoria e compreensão.

O símbolo da Justiça representa a nossa obrigação de assumir a responsabilidade pela nossa própria vida e de superar idéias supersticiosas e vãs ilusões por meio de uma orientação positiva. A figura da Justiça representa a faculdade do discernimento voltada para o desenvolvimento dos valores e prioridades apropriados.

Reflexões...

A Importância das Metas

A figura da Justiça representa também a capacidade de misericórdia e de julgamento claro e imparcial. Quando temos tarefas a executar e metas a atingir, a vida torna-se ativa e interessante. As metas conferem à vida a sensação de movimento e crescimento. É graças a essa sensação de movimento e crescimento que seremos capazes de alcançar a satisfação pessoal.

O objetivo da vida não é ser feliz. O objetivo da vida é ser importante, produtiva, conferir significado à existência. A felicidade, no antigo verso nobre, significa auto-realização e é concedida aos que usam ao máximo os talentos com que Deus ou a sorte os contemplou.

Leo Rosten

Atribuir um peso maior à verdadeira importância das coisas do que ao seu valor material confere-nos uma consciência de beleza e de um profundo significado.

O Equilíbrio da Vida

A satisfação decorre do fato de compreendermos e julgarmos com sabedoria as experiências da vida. Se esperarmos que tudo aconteça como desejamos, ficaremos desapontados. Mas, se nos sentirmos solitários, poderemos a qualquer momento dar uma festa; se quisermos trabalhar, poderemos oferecer nossos serviços.

Quando nos aceitamos com todas as nossas falhas e limitações, tornamo-nos capazes de amar e de ser amados pelas outras pessoas. Quando nos sentimos interiormente seguros, aceitando e amando a nós mesmos, deixamos de ser meras cascas vazias à espera de que alguma coisa exterior se aproxime e nos salve da nossa situação desesperada de desamor e solidão. Quando nossa atitude diante da vida é amorosa, somos livres para estabelecer um intercâmbio de amor com o mundo.

Quando nos propomos a dar de nós mesmos, buscando servir os nossos semelhantes, podemos eliminar os dolorosos golpes do ego, que criam grande parte da nossa infelicidade. Sabemos que, se esperarmos que outra pessoa nos faça felizes, certamente ficaremos desapontados, pois a felicidade só pode vir de dentro de nós. E ela surge com muito mais facilidade quando participamos da vida, em vez de ficar na expectativa de tirar algo dela.

O destino mais elevado do indivíduo é servir, e não dominar ou impor-se de alguma outra maneira.
Albert Einstein

Quando usamos nosso poder de discernimento, podemos desenvolver uma consciência de propósito e de significado que conferirá limites e uma orientação à vida. Se discernirmos com sabedoria o que realmente é importante para nós, obteremos uma consciência da beleza e do profundo significado que podem emanar da arte, da música ou de algum tipo de progresso espiritual. É este um tipo de experiência que não pode ser explicado ou medido de um modo mecânico ou material; sua verdade e valor são não apenas intrínsecos como inestimáveis.

A Felicidade

Quase todos buscamos a felicidade durante toda a vida, e quase todos chegamos à conclusão de que ela é um conceito ilusório. Podemos passar muito tempo a procurá-la, mas nunca estamos realmente certos do que ela é. Dizem que o dinheiro não pode comprar a felicidade. De onde vem ela? É óbvio que o que torna uma pessoa feliz não exercerá o mesmo efeito sobre outra. Isso ocorre porque a felicidade vem de dentro de nós, e não de fontes exteriores.

A felicidade pode ser encontrada no mesmo lugar onde residem o nosso senso de espiritualidade, a nossa criatividade, imaginação, inspiração e percepções intuitivas. Ela faz parte da vida do eu interior. É uma atitude, e não se baseia em metas tangíveis ou em coisas materiais; é simplesmente uma forma de sentir. Podemos associar um carro ou um emprego novo, ou a admiração, o respeito e a inveja dos outros à concepção de felicidade; mas, como essas coisas vêm de fora e a felicidade emana de dentro, elas não estão relacionadas entre si. Uma lisonja momentânea ou a aquisição de um objeto almejado pode proporcionar-nos por um curto espaço de tempo a sensação de felicidade; mas mesmo a pessoa mais rica, brilhante e admirada não se sente necessariamente satisfeita com essas experiências externas.

As pessoas são mais bem-sucedidas quando se sentem felizes do que quando estão infelizes, porque todos reagem de forma positiva a uma pessoa alegre. De acordo com estudos realizados, as pessoas felizes são mais saudáveis do que as infelizes. Quando estamos felizes, nossas percepções são mais claras e nossas sensações de olfato, audição e visão mais aguçadas do que quando estamos infelizes. Até a nossa memória funciona melhor quando estamos felizes.

As pessoas felizes costumam rir com facilidade. Estudos indicaram que rir é um dos melhores antídotos da natureza para a doença. O ato físico de rir provoca um aumento no suprimento de oxigênio do corpo, e o diafragma massageia o coração. A pressão sangüínea cai e a ansiedade desaparece quando somos capazes de rir.

Não obstante, quase todos desenvolvemos a idéia de que a felicidade é algo que só obteremos se formos suficientemente bons, como se ela fosse um privilégio que alcançaremos se trabalharmos com afinco e formos bem-sucedidos. Mas a felicidade não é uma experiência quantitativa e lógica. Ela não se encaixa numa equação de causa e efeito. Não é uma questão moral, é um estado mental. A felicidade não é a recompensa que angariamos graças a um bom comportamento; ela é a própria virtude.

Já se disse que o estado da felicidade produz a bondade, que a pessoa feliz se comporta com mais benevolência do que a pessoa infeliz. Se observarmos a nós mesmos, sem dúvida encontraremos exemplos de estados interiores de infelicidade que nos fazem ter um comportamento cruel ou, por outro lado, de estados ditosos que nos levam a ter uma atitude de benevolência para com os outros.

As Atitudes

Se a felicidade não é obtida ou conquistada por meio de atos virtuosos, como podemos encontrá-la? De onde vem ela? A resposta é que podemos ser felizes pelo simples cultivo de uma atitude alegre e positiva. Isso não significa que não teremos problemas, mas podemos aprender a aceitá-los como parte natural do processo da vida. Ter problemas é inevitável; todo mundo os tem. Algumas vezes eles são pequenos e outras enormes, mas são um fato da vida. Não existe na vida nenhuma situação destituída de problemas.

Desde que aceitemos as nossas dificuldades como inevitáveis, podemos livrar-nos do ressentimento que experimentávamos por tê-las. Estamos então livres para procurar as soluções com uma atitude positiva e até começaremos a apreciar o desafio de resolvê-las. Solucionar um problema nos proporcionará um sentimento de satisfação pessoal que por si só produzirá uma sensação de felicidade.

A maioria das pessoas é tão feliz quanto resolve sê-lo.
Abraham Lincoln

Podemos passar toda a vida esperando por aquela experiência futura que nos trará uma grande felicidade. Chegamos então ao alto da colina e descobrimos que a felicidade está na colina seguinte, depois na outra – naquela que nunca chegamos a alcançar.

Os Símbolos da Justiça

A espada destina-se a eliminar a ignorância, a autocomiseração e todas as outras ilusões a respeito da vida. Isso nos proporciona uma visão mais clara de nós mesmos e da nossa vida, e podemos então distinguir entre o que é importante e o que não é. Podemos, pois, avaliar nossas ações e reações em função dos nossos ideais e das nossas metas.

A balança representa a nossa capacidade de avaliar as experiências quando deparamos com elas, compreendendo claramente o seu lugar na ordem das coisas. Lembra-nos também a nossa capacidade de equilibrar as nossas reações ante essas mesmas experiências.

Esta ilustração mostra Roger Bacon, monge e filósofo inglês do século XIII, segurando a balança, que é, juntamente com a espada, o símbolo da imagem da Justiça.

Revisão da 4ª Etapa

Na 4ª Etapa, você encontrou a Roda da Fortuna e a Justiça. Elas o ajudam a definir na sua vida as questões que constituem o objetivo fundamental da sua jornada. Faça por escrito um breve resumo do que lhe parece ser a natureza essencial da sua busca.

Anote o sentimento e as percepções mais importantes que você teve em relação à sua peregrinação rumo ao autodesenvolvimento.

5ª Etapa
Nos Domínios da Morte

Agora você deve preparar-se para ingressar nos domínios da morte. Você encontrou os recursos de que irá precisar para atravessar essas regiões.

Tranqüilize a mente e abra o coração, porque esta é a passagem através das regiões inferiores. Ser-lhe-á pedido que renuncie a muita coisa. Esta é a única maneira de viajar em segurança nessas terras.

Capítulo 13
O Enforcado

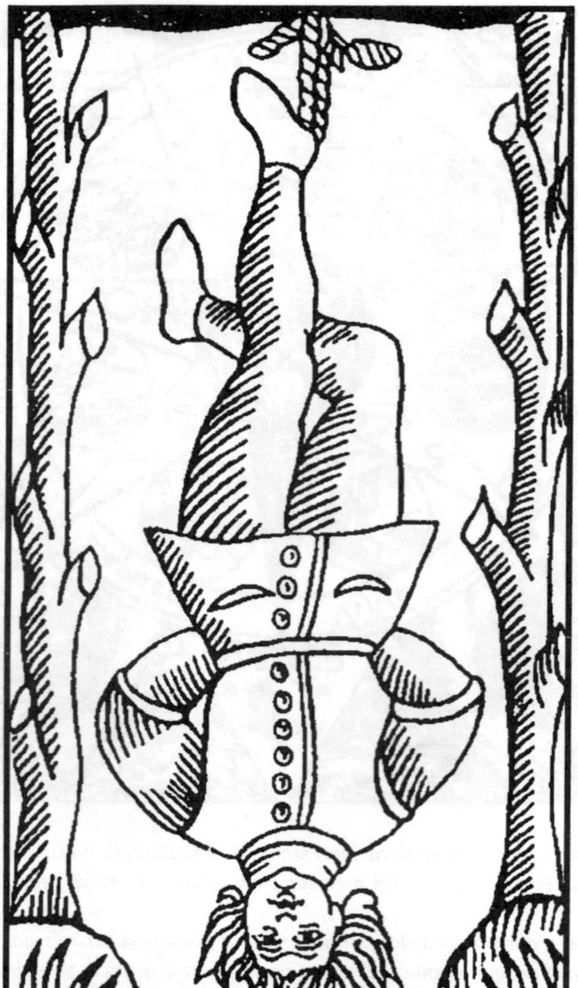

Este símbolo do Enforcado representa a morte voluntária diante de algum aspecto do mundo conhecido, num ato de fé, para que seja recuperado um novo e importante aspecto da psique que nos permitirá viver uma vida mais rica e mais completa.

Contemplando...

O Enforcado

Você está caminhando pela floresta. Há uma friagem no ar e você tem um vago sentimento de apreensão, mas avança apesar dos seus receios. No topo de uma colina você vê um homem suspenso pelo pé na Árvore da Vida.

Ele fala com você. Ele diz:

Num ato de fé, você deve renunciar ao seu ______________________________ .

A lição que você precisa aprender é ______________________________ .

A única maneira de fazê-lo é ______________________________ .

A recompensa pelo seu sacrifício será ______________________________

o que lhe permitirá ______________________________ .

Ele então lhe diz:

Eu sou o ______________________________ .

Eu tenho ______________________________ .

Meu destino é ______________________________ .

O Enforcado representa o sacrifício, especialmente o sacrifício do que é visível, em prol de um bem transcendente. Pode simbolizar a renúncia a antigas atitudes e crenças ou o abandono da segurança do mundo material conhecido em prol da exploração do mundo subterrâneo da psique.

Quais as coisas a que você precisa renunciar, e qual será a sua recompensa se o fizer?

O sacrifício consiste em submeter-se à orientação divina através da reconciliação, ofertando o seu eu à vontade de Deus.

Diga para si mesmo:
Renuncio a todos os meus antigos apegos, preconceitos e temores. Abandono tudo o que me inibe o crescimento. Tenho fé em que o sacrifício que faço das limitações do conhecido me conduzirão a novas e abundantes recompensas e realizações.

O Mito de Prometeu

Em algumas versões da mitologia grega, o deus Prometeu era o criador da humanidade. Foi ele que, usando a terra, a água e suas próprias lágrimas, criou o corpo do primeiro homem, no qual a deusa Atena insuflou a alma e a vida.

Mas o grande deus Zeus exigiu que a espécie humana lhe oferecesse seus bois em sacrifício. Realizou-se uma reunião para estabelecer que parte do boi pertenceria ao homem e que parte a Zeus. Prometeu decidiu enganar Zeus fazendo-o escolher a parte maior, formada apenas de gordura e ossos, e deixando a carne para a humanidade. Mas Zeus, percebendo o truque, ficou furioso. Na sua ira, negou o fogo à humanidade.

Prometeu roubou uma acha da fogueira sagrada.

Prometeu, contudo, dirigiu-se à ilha de Lemnos e roubou uma acha da fogueira sagrada. Encerrou-a num talo oco e levou-a de volta à humanidade. Prometeu teve de pagar cruelmente pelo logro e pelo roubo. Zeus fê-lo acorrentar num dos picos das montanhas do Cáucaso. Lá, uma águia com as asas estendidas, enviada por Zeus, se alimentava do seu fígado imortal. A parte devorada pelo monstro alado durante o dia tornava a crescer durante a noite.

Finalmente, depois de trinta anos de sofrimento, Zeus permitiu que Quíron, atingido por uma flecha envenenada, tomasse o lugar de Prometeu, que então foi libertado.

O tema do sacrifício representa o conceito de que a adversidade é a única maneira de alcançarmos o crescimento. A idéia é que renunciar ao ganho pessoal, ou mesmo à própria vida, é o meio de atingirmos um bem maior do que o ditado pelo interesse pessoal.

Quem ama a sua vida perdê-la-á, mas quem odeia a sua vida neste mundo preservá-la-á para a vida eterna.
João 12:25

O Sacrifício

Um tema que aparece com grande freqüência em muitas culturas é o da criação que só ocorre depois de um ser vivo ter sido sacrificado. Isso vale para todos os níveis da existência. Mircea Eliade diz: "O padrão mítico permanece o mesmo: nada se cria sem imolação, sem sacrifício."[9]

Numerosas figuras míticas fizeram esse tipo de sacrifício, abandonando o seu mundo e descendo ao mundo subterrâneo para recuperar um tesouro perdido. Hércules, Ulisses, Teseu e Orfeu foram algumas das figuras míticas gregas que sacrificaram seu mundo conhecido e partiram para uma busca.

Os dois lados, o escuro e o claro, são mostrados como um relacionamento no qual cada um se sacrifica a fim de alcançar uma síntese que proporciona uma totalidade maior do que a soma das suas partes.

Sacrificar-se significa renunciar voluntariamente a uma coisa a fim de ganhar outra maior. Na antiga gravura acima, vemos um exemplo do sacrifício; neste caso, o ego é sacrificado em prol do relacionamento matrimonial.

O Enforcado representa o herói que precisa submeter-se a provações a fim de tornar-se verdadeiramente um herói. Em última análise, isso conduzirá à maior de todas as provações, na qual nós, à semelhança do herói, precisamos deixar de pensar em função do nosso ego para alcançar um estado transcendente de consciência.

Carl Jung disse: "O nosso inconsciente sempre nos coloca em situações impossíveis a fim de trazer à tona o que há de melhor em nós." Uma situação impossível, na qual precisamos renunciar à nossa própria vontade e confiar na nossa fé, eis o que produz o crescimento pessoal.

Nossa identidade é formada pela avaliação que fazemos de nós mesmos com base na soma das nossas experiências de vida. Somos restringidos pelos limites do que conhecemos e do que acreditamos. Somos impedidos de concretizar o desenvolvimento potencial de outras áreas por causa da nossa falta de experiência. Por isso, muitas vezes nos apegamos a visões negativas e autolimitadoras de nós mesmos em função do hábito. Ironicamente, esse mesmo hábito pode ser rompido pelas condições de coerção e sofrimento que produzem a ansiedade. O mal-estar da ansiedade pode forçar-nos a eliminar antigos hábitos, permitindo assim que nossa identidade mude e se desenvolva.

Ao compreendermos a necessidade das provações da vida, podemos aprender a apreciá-las, o que torna mais fácil superá-las. Quando estamos tão receosos das dificuldades que passamos a vida tentando evitá-las, não só tolhemos o nosso desenvolvimento como também sofremos desnecessariamente por causa dos problemas que finalmente nos acometem.

Segundo Freud, nada acontece por acaso. Se você tropeçar, deve procurar a mensagem que o incidente tem para você. Quando aprendemos a nos comunicar com nosso eu interior, podemos passar a controlar os acidentes que acontecem na nossa vida. Se conhecemos a doença ou a adversidade, tal experiência se revela amiúde como um valioso instrumento para a nossa evolução pessoal, uma reação a coisas que nos recusamos a abordar conscientemente ou fomos incapazes de fazê-lo. Se tivermos participado inconscientemente da criação da nossa doença, aprenderemos a ouvir as nossas necessidades interiores antes que elas cheguem a manifestar-se como males físicos.

Podemos evitar em grande parte a tendência para contrair doenças por meio da nossa atitude em relação a elas. O corpo humano (como no mito de Prometeu) é um maravilhoso organismo que constantemente busca rejuvenescer. O estado natural do corpo é ser saudável, ativo e vigoroso.

A Medicina e a Mente

Um número cada vez maior de profissionais da área da medicina está começando a compreender que a saúde é um reflexo da harmonia interior nos níveis psicológico, espiritual e também físico. As causas da doença muitas vezes se baseiam não apenas em fatores externos, mas também nas nossas atitudes e comportamentos. O que pensamos e fazemos influencia a maneira como nos sentimos.

Sabemos que, se for adequadamente motivada, a mente pode favorecer a produção de agentes analgésicos mesmo na ausência de medicamentos. Esse efeito placebo é um exemplo de como a fé e a atitude mental podem ser fatores cruciais na cura do corpo.

As células que produzem o câncer no corpo estão sempre presentes. Só quando estamos sob forte tensão é que o corpo é incapaz de combater as células cancerosas.

Quando reprimimos a raiva, uma ação química gera a secreção de ácidos que podem atacar partes do corpo, como no caso das úlceras. A raiva, a tensão e a ansiedade afetam o coração e a circulação, que por sua vez afetam outras partes do corpo. Com efeito, alguns médicos afirmam que o controle mental do corpo, ou os estados psicossomáticos, podem ser responsáveis por 80 por cento de uma doença.

Cientistas descobriram que uma experiência desagradável pode terminar como uma dor física no pescoço. Uma rígida estrutura mental pode vir a expressar-se como artrite. Um coração partido pode manifestar-se como trombose coronária, e a necessidade de crescimento pode expressar-se por meio de um tumor canceroso.

Precisamos claramente aprender a controlar os nossos pensamentos para sermos capazes de controlar a nossa saúde. Precisamos aprender a reagir positivamente aos dilemas da vida a fim de evitar os perigos causados pelo estresse, pela tensão e por outros hábitos e atitudes negativos.

Algumas vezes, quando deparamos com uma situação estressante, reagimos fumando um cigarro, tomando uma xícara de café ou comendo uma barra de chocolate. Lamentavelmente, a ingestão desses produtos químicos aumenta ainda mais a tensão corporal. Não obstante, é possível aprender a controlar ou eliminar esses produtos químicos causadores de estresse e reduzir a tensão do nosso corpo.

A águia representa o poder pessoal e a vitória.

Cada um de nós é capaz de exercer um tremendo controle sobre a própria saúde. Pacientes submetidos à hipnose foram capazes de diagnosticar as próprias doenças quando os médicos se haviam enganado. O corpo pode compreender e curar a si mesmo bem mais do que o percebemos.

Quando aprendemos a relaxar o corpo e a encarar positivamente as situações, em vez de nos determos nos aspectos negativos da vida, libertamos o nosso corpo das tensões adicionais e do estresse causadores de doença. Se nos concentramos nos aspectos positivos da vida, melhoramos não apenas o nosso estado de saúde como também a nossa estrutura mental, porque a mente inconsciente captará as nossas mensagens de bem-estar mental e as transformará em saúde física e mental.

Dentro do ovo, a criança divina, símbolo de uma nova atitude de harmonia e de auto-aceitação, é gerada como resultado da união dos opostos (o consciente e o inconsciente). Ela está sobre o sol e a lua. Os pássaros significam o aspecto espiritual desse tipo de renascimento emocional, e os raios do sol representam a importância da emoção.

A Mente e o Corpo

A mente e o corpo formam um sistema inseparável. Tudo o que pensamos e sentimos se expressa no corpo. Aquilo em que acreditamos e a maneira como encaramos a vida exercem efeitos diretos sobre a nossa saúde. Assim, se mudarmos as coisas nas quais acreditamos, mudaremos a maneira como nos sentimos. Podemos, por conseguinte, representar um papel ativo, positivo e responsável na nossa cura se nos tornarmos mais conscientes do modo como nos sentimos. Uma das maneiras de fazer isso é aprendendo a comunicar-nos com o inconsciente, ponto de origem dos nossos sentimentos.

Às vezes, a doença é necessária para nos ensinar as leis da saúde, do mesmo modo que o atrito nos relacionamentos humanos pode levar-nos a descobrir as leis da harmonia. Tudo o que acontece na nossa vida pode servir para nos conduzir à saúde, à felicidade, à paz e à sabedoria, se formos capazes de aprender as lições das nossas experiências.

A atitude positiva é um hábito. Ninguém pode ferir-nos, a não ser que o permitamos; e, se estivermos descontraídos e confiantes, não o permitiremos. A infelicidade também é um hábito, e podemos evitá-la através de uma mudança de atitude. Quando estiver se sentindo ansioso e infeliz, concentre-se em idéias, sonhos e recordações agradáveis. Você pode usar a vontade para alterar seus pensamentos. Se tiver idéias tranqüilas, você se sentirá calmo e relaxado e sua mente se abrirá para as inspirações portadoras de soluções para os seus problemas.

Os obstáculos que nos separam do bem-estar físico e mental baseiam-se na preocupação com nossa própria pessoa. Se sentimos que não somos perfeitos, não queremos arriscar-nos ao fracasso, cometendo erros. É por isso que não podemos viver plenamente a vida enquanto não nos sentimos interiormente seguros e confiantes. É importante reconhecer que as nossas realizações não dependem de como os outros avaliam as nossas habilidades; o que importa é o que pensamos de nós mesmos, e grande parte disso decorre de programas passados que ficamos repetindo na nossa mente até transformá-los em padrões habituais.

A mensagem do sacrifício consiste em renunciar a antigos hábitos e limitações em prol do crescimento e da saúde física e mental.

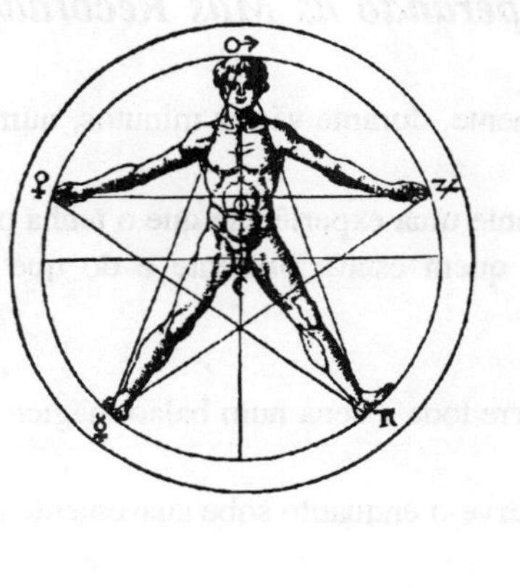

Contemplando...

Como Combater a Ansiedade

1. Sente-se numa cadeira confortável e assuma uma posição descontraída.

2. Diga para si mesmo em voz alta: "Tenho recursos ilimitados para o poder e a sabedoria do infinito. Tenho o poder ilimitado da minha mente inconsciente."

3. Respire lenta e profundamente durante alguns segundos. Diga então para si mesmo em voz alta: "Tenho saúde e força. Tenho a capacidade de atingir minhas metas mais elevadas."

4. Se sobrevierem pensamentos de ansiedade e você perceber que se está concentrando nos aspectos negativos de uma situação, mude os seus pensamentos. Pense em algo positivo. Se as preocupações interferirem na sua faculdade de concentrar-se, feche os olhos por um momento e pense nos seus sonhos e esperanças. Em seguida, envolva-se positiva e agressivamente com a situação existente.

Se você for incapaz de alcançar o seu desempenho máximo por causa da ansiedade, feche os olhos e pense a respeito de experiências boas e bem-sucedidas que teve no passado. Diga para si mesmo: "Posso facilmente conseguir todas as coisas com que sonho."

5. Lembre-se de que para combater a ansiedade você precisa sentir-se bem a respeito de si mesmo, e que essa atitude é um hábito mental. Se este último tem sido negativo, passe algum tempo, pelo menos quinze minutos duas vezes por dia, num estado de descontração, transmitindo a si mesmo mensagens positivas. Diga para si mesmo: "Vou alcançar minhas metas. Todos os obstáculos que encontro são oportunidades disfarçadas."

Contemplando...

Superando as Más Recordações

1. Sente-se tranqüilamente, durante vários minutos, num estado de relaxamento.

2. Visualize mentalmente uma experiência que o tenha perturbado. Veja-a nitidamente, em detalhes. Lembre-se de quem estava presente e do que aconteceu o mais claramente possível.

3. Mentalmente, encerre toda a cena num balão mágico.

4. Solte o balão e observe-o enquanto sobe suavemente na direção do céu.

5. Diga para o balão cheio dos incidentes e das pessoas da sua recordação: "Eu o solto." Observe o balão flutuando no céu e desaparecendo de vista.

6. Como você se sente?

____

____.

Contemplando...

A Bola Dourada

1. Acalme a mente. Sente-se tranqüila e confortavelmente, deixando que todos os pensamentos confusos lhe abandonem a mente, até alcançar um estado mental de serenidade.

2. Diga para si mesmo: "Tudo se encontra na ordem adequada. Existe uma solução correta e harmoniosa para cada situação."

3. Visualize uma bola dourada. Tente realmente vê-la. Se não conseguir, imagine que a está vendo. Diga para si mesmo: "Estou me tornando aos poucos consciente de respostas que são perfeitas para mim."

4. Olhe mentalmente para a bola dourada. Espere, com a mente tranqüila e aberta, até que as respostas surjam de dentro da bola.

Escreva o que você vê na bola dourada.

Capítulo 14
A Morte

Ele monta um cavalo branco; por onde quer que passe, a noite cai. As flores murcham e as folhas tombam no chão. Todos os que o vêem caem de joelhos.

O sol desce aqui, mas ao mesmo tempo nasce ali. A vida nasce, morre e, morrendo, nasce.

A MORTE

Contemplando...

A Morte

O rei desce do seu trono. Tudo o que existe mudará. Logo você terá que navegar o rio na direção da terra que demora além da colina, até chegar aos dois pilares.

O que aconteceu que o fez chegar a esse ponto? ____________________________

____.

Como você se sente? ____.

Complete as seguintes frases:

Este é o final de ____.

Sinto falta de ____.

Compreendo que ____.

Aprendi que ____.

Aceito que ____.

Eu quero ____.

Eu devo ____.

Eu sei ____.

Eu libero ____.

Haverá ____.

Para a vida terrena, a morte deve anteceder o renascimento espiritual. O símbolo da Morte representa a renúncia – talvez apenas de antigos hábitos e padrões, ou talvez de uma perda maior, para abrir o caminho de uma nova vida. Ela simboliza a transformação movendo-se através da provação com vistas ao renascimento. A lição da Morte é que precisamos aceitar o passado e abandoná-lo; que o renascimento e a regeneração são partes vitais da existência e só ocorrem depois de uma grande perda.

Seus comentários indicam a sua perspectiva nesse momento crítico e refletem a sua atitude ante as mudanças que você precisa enfrentar e aceitar na sua vida.

O símbolo da Morte significa renunciar a alguma coisa a fim de abrir caminho para o novo.

Diga para si mesmo:
Estou pronto para uma renovação pessoal,
antevejo um período de regeneração espiritual.

O Navio

Você avista um navio enquanto observa o mar.

A quem pertence o navio? ______________________________.

Qual a carga transportada pelo navio? ______________________________.

Como você se sente em relação a ele? ______________________________.

Para onde o navio está indo? ______________________________.

O navio simboliza o ato de partir através do mar da vida e cruzar as águas da morte, ou de avançar deste ponto da sua vida para o seguinte. Este exercício lhe proporcionará uma certa percepção de como você se sente com respeito à mudança quando se vê penetrando os domínios do desconhecido.

Contemplando...

Subindo a Bordo do Grande Barco

O grande barco está esperando. Você hesita, mas sabe que precisa subir a bordo imediatamente. Você chega ao convés e o navio zarpa para terras longínquas.

Você sente ____.

Você sabe ____.

Nessa viagem você espera encontrar ____________________________________.

O objetivo dessa viagem é ____.

As Terras Longínquas

O navio chega enfim ao seu destino, deixando-o na terra que demora além das colinas, para lá dos dois pilares – a terrível terra do Grande Além.

Você veio até aqui porque ____.

Você sente ____.

Você deve ____.

Sua tarefa é ____.

Você pode ____.

A Volta ao Lar

Finalmente, o grande barco volta para buscá-lo. Você agora está pronto para regressar.

Você compreende____.

Você sente ____.

Você se tornou ____.

Você quer____.

Como no exercício anterior do navio, subir a bordo do grande barco simboliza partir através do mar da vida e atravessar as águas da morte, ou passar deste ponto da vida para o seguinte. Este exercício exorta-o a expressar seus sentimentos a respeito dessa jornada e do significado que ela tem para você.

No segundo exercício, as terras longínquas representam a sua chegada à "terrível terra do Grande Além" ou às suas profundezas íntimas. A terra que demora além das colinas representa seu ingresso numa nova vida ou num novo modo de vida.

No terceiro exercício, a volta ao lar representa o seu retorno ao mundo exterior. Suas respostas indicam o que você aprendeu e o que trará consigo de volta da sua jornada.

O objetivo desta viagem é o renascimento e a regeneração. A mudança é importante e inevitável. O desafio é aceitá-la e descobrir o amanhã, tal como redescobrimos a nós mesmos. Esses exercícios lhe fornecerão um vislumbre da natureza e direção da sua jornada. Suas respostas indicam o que você precisa aceitar e realizar e o que pode ganhar com as perdas e as mudanças em sua vida.

Analisamos superficialmente o mito de Deméter e Perséfone no Capítulo 4. Vamos reexaminá-lo aqui, mais minuciosamente.

O Mito de Perséfone

Segundo a antiga mitologia grega, Deméter, a grande deusa do milho e do trigo, a deusa-mãe, tinha uma filha, Perséfone. Esta era bela e alegre e amava muito sua mãe. Mãe e filha podiam ser vistas freqüentemente, passeando de braços dados pela campina, rindo e dançando. Perséfone e suas amigas gostavam de dar longas caminhadas, colhendo as mais belas flores da primavera que Deméter havia criado.

Deméter advertiu Perséfone dos perigos que a espreitavam nas trevas, caso ela fosse longe demais. Disse à sua encantadora filha que tivesse sempre o cuidado de voltar para casa antes do anoitecer.

Certo dia, a jovem deusa e suas amigas haviam-se afastado muito em busca de uma magnífica flor vermelha. Dançaram, cantaram e teceram grinaldas no cabelo umas das outras até as últimas horas do dia. Quando a luz dourada do sol entrou a esmaecer, ao cair da tarde, as jovens estavam muito longe de casa. De repente, ouviu-se um estrondo e a terra começou a tremer. Perséfone ergueu os olhos da grinalda que estava tecendo e viu um cavalo do branco mais puro, montado por um cavaleiro que vestia uma capa negra como a noite. O cavalo avançou impetuosamente e num instante o cavaleiro inclinou-se e capturou a aterrorizada Perséfone. Nesse momento, as campinas e as encostas desapareceram, e tudo o que Perséfone conseguiu ver foi um túnel comprido e negro.

As amigas de Perséfone voltaram correndo e contaram a Deméter o que viram. Deméter não hesitou e dirigiu-se imediatamente à presença do grande Zeus, o rei do trovão e soberano dos deuses e dos homens. "O rei do mundo subterrâneo roubou minha linda filha", disse Deméter. "Ordene-lhe que a devolva imediatamente à luz do dia!" Zeus retrucou: "Deméter, você sabe que o senhor de Hades é rico e poderoso. Ele é dono de todo o ouro e toda a prata, das esmeraldas, rubis e diamantes do seu reino, o mundo subterrâneo.

"Na qualidade de soberano de todos os deuses, posso dar-lhe uma ordem e ele terá de obedecer, mas só posso reaver a sua filha se ela nada comer enquanto estiver em seus domínios. Se Perséfone aceitar, um pouco que seja, de comida ou bebida oferecida por Hades, o senhor do mundo subterrâneo, terá então de ficar com ele."

Nas escuras profundezas da terra, Hades ofereceu à jovem deusa um lauto banquete que mandara preparar em sua homenagem. Prato após prato de magníficas carnes e pães foram colocados diante de Perséfone. Raros e delicados vegetais e deliciosos pratos vindos de todo o mundo foram trazidos à sua presença para tentá-la, mas Perséfone limitava-se a balançar a cabeça, recusando-se a comer. Frutas maravilhosas foram-lhe oferecidas, cada qual a mais esplêndida da sua espécie – maçãs, uvas, laranjas, bananas, todos os tipos de frutinhas silvestres maduras, pêssegos, peras e mangas. Sobre uma grande bandeja ostentava-se uma romã magnífica e madura.

Entretanto, Perséfone estava extremamente cansada e sedenta. Já se encontrava há bastante tempo no mundo subterrâneo e nada comera. Pegou então a romã e levou-a aos lábios. Quando engoliu o primeiro bocado, Hades bradou de modo que toda a terra e todos os deuses do Olimpo escutassem: "Perséfone comeu seis sementes de romã. Para cada uma dessas sementes ela terá de passar um mês do ano comigo no mundo subterrâneo."

O grande Zeus concordou em que Perséfone ficasse com Hades em seus domínios durante seis meses por ano por ter ingerido seis sementes da romã mágica. Deméter, tomada de raiva e de dor por ter perdido a filha, pôs-se a vagar pela terra. Em todos os lugares aonde ia as flores morriam e as árvores se tornavam estéreis. Cobriu a terra de gelo e neve e recusou-se a deixar que qualquer coisa crescesse enquanto a filha estivesse no mundo subterrâneo.

Volvidos quatro meses áridos e glaciais, Deméter dirigiu-se ao mundo subterrâneo para exigir o retorno da filha. A princípio, Hades recusou-se a deixar Perséfone ir, mas Zeus sabia que não haveria colheitas enquanto Deméter não estivesse satisfeita e por isso ordenou a Hades que libertasse a jovem deusa.

Mãe e filha retornaram alegremente à terra e logo ressurgiu a primavera. As flores começaram a vicejar e folhas verdes brotaram nas árvores. O trigo e o milho, as uvas e as maçãs recomeçaram a crescer. Durante seis meses as duas deusas celebraram a generosidade da terra.

Uma vez mais, porém, o inverno retornou quando Perséfone voltou ao mundo subterrâneo. Toda a terra chorou por ela, e sua mãe recusou-se a deixar que as plantas crescessem. E até hoje o ciclo do verão e do inverno nos lembra a perda da deusa Perséfone e a tristeza de sua mãe.

A história de Orfeu e Eurídice é uma das muitas narrativas clássicas que giram em torno da morte e da ressurreição. Essa história, a exemplo de centenas de outras semelhantes que correm o mundo, nos fala da possibilidade de o amante regressar do além com seu amor perdido. Mas o menor deslize ou fraqueza acaba impossibilitando essa reunião.

Orfeu e Eurídice

A maioria dos primeiros músicos eram deuses, mas alguns mortais eram tão bons intérpretes que seu talento musical quase se igualava ao dos deuses. Sem dúvida, o maior de todos era Orfeu. Quando tocava ou cantava, ninguém conseguia resistir-lhe. Todos os seres animados e inanimados o seguiam.

Eurídice era a noiva bem-amada de Orfeu. Um dia, logo depois do casamento, ela foi mordida por uma cobra quando caminhava à beira do rio. O veneno da cobra matou-a rapidamente.

Tomado de profunda dor, Orfeu procurou Perséfone para lhe perguntar como poderia ter Eurídice de volta. Perséfone disse a Orfeu que ele poderia entrar no mundo subterrâneo para libertar a esposa enfeitiçando seus habitantes com sua música. Advertiu-o de que, tendo encontrado Eurídice, não deveria olhar para trás ou fitar-lhe o rosto até chegarem ao mundo exterior.

Seguindo o conselho de Perséfone, Orfeu entoou na lira canções em louvor de sua mulher. Depois, sempre cantando, dirigiu-se ao mundo subterrâneo para encontrá-la. Sua música, de fato, enfeitiçou todos os habitantes do Hades. O próprio lar da morte foi abalado pela beleza da sua música. Até as Fúrias e o Cérbero de três bocas foram aplacados. A roda de Íxion parou de girar. Aproveitando-se dessa calmaria, Orfeu encontrou a esposa e logo começou a voltar sobre seus passos na direção do mundo exterior, seguido de Eurídice.

Os dois passaram pelos grandes portões de Hades e chegaram ao caminho que os levaria para além das trevas. Orfeu sabia que Eurídice o seguia, mas queria desesperadamente olhar para trás a fim de certificar-se. Quando quase havia chegado à luz do dia, Orfeu voltou-se para olhá-la, mas era cedo demais. Ela ainda estava na caverna. Estendeu os braços para alcançá-la, mas nesse instante ela desapareceu. Sumira na escuridão.

Orfeu tentou correr atrás dela, mas não lhe foi dado penetrar segunda vez no mundo subterrâneo enquanto estivesse vivo.

Reflexões...

A Jornada na Escuridão

O herói embrenha-se na escuridão, fora da terra que ele conhecia. Ali ele vive com êxito a sua aventura. Ao preparar-se para ressurgir são e salvo no mundo da consciência desperta, ele comete um erro fatal. Tenta fundir os dois mundos, mas as regras de um não se aplicam ao outro. Ele olha para trás – ou Perséfone come um pedaço da fruta proibida no mundo subterrâneo.

Quando a mente consciente tenta controlar ou manipular o reino inconsciente, perde-se todo o processo de regeneração. Os dois reinos não podem ser reunidos. Os sentimentos e os instintos exigem completa fidelidade. Seu domínio não será contaminado, manipulado pela tecnologia ou pelo materialismo. Tentar fazê-lo é fatal para a psique.

Talvez seja por isso que podemos observar um número tão grande de monstruosidades arquitetônicas. Isso talvez explique também o bloqueio do escritor quando ele tenta forçar uma obra, em vez de permitir que ela flua de sua mente criativa subconsciente ou das esferas do mundo subterrâneo.

Por outro lado, precisamos descer à escuridão do mundo subterrâneo antes de ascendermos à claridade eterna. Sem pecado, não há salvação. Sem morte, não há ressurreição.

O que semeias não nasce, se primeiro não morrer.
Paulo, 1 Cor. 15:36

O símbolo da Morte nos fala da inevitável necessidade de cada um de nós descer ao mundo subterrâneo a fim de transformar-nos, quer para deixarmos de ser crianças, quer para nos tornarmos adultos, criar uma obra de arte ou simplesmente encontrar uma renovada consciência de significado e paz de espírito. Mas somos avisados de que precisamos empreender essa jornada tal como a encontramos, sem expectativas ocultas ou objetivos manipuladores. A jornada para o mundo subterrâneo definirá os seus próprios termos, e precisamos obedecer-lhes totalmente, do contrário todo o propósito da aventura estará perdido para nós.

A imagem da Morte é também a imagem de novos começos.

O Símbolo da Morte

Em verdade, em verdade vos digo: se o grão de trigo, caindo na terra, não morrer, ele fica só; mas, se morrer, dará muito fruto.
João 12:24

Um tema predominante nos mitos é o de que a vida só pode nascer pelo sacrifício de outra vida. A morte violenta é criativa no sentido de que, nas palavras de Mircea Eliade, "a vida sacrificada se manifesta de forma mais brilhante em outro plano da existência".[10]

A morte não é vista como um fim definitivo em si, uma aniquilação absoluta, como freqüentemente a consideramos. A morte compara-se à mente plantada no seio da mãe-terra para dar à luz uma nova vida.

Nas cerimônias de iniciação de muitas culturas, os iniciados se submetem a mortes simbólicas a fim de renascer com uma sabedoria maior. Nessas culturas, as pessoas encaram a morte como o veículo supremo da regeneração espiritual. As grandes religiões do mundo, inclusive o cristianismo, também têm essa visão, na qual o participante passa por um renascimento simbólico. O crente morre continuamente a fim de renascer, de crescer mais através do processo de morte e renascimento, de tornar-se mais vigoroso e completo. A morte é vista como o processo contínuo que nos conduz para mais perto da alma à medida que mudamos a nossa perspectiva do pessoal para o universal.

De acordo com o *Bhagavad Gita* (2:12), "Somente os corpos habitados pelo eu imperecível e incognoscível chegam ao fim". O espírito humano é capaz de um crescimento infinito. E o espírito, ou a alma, é alimentado e viceja no reino das imagens e dos símbolos. Desse modo, como o diz Joseph Campbell, "A função primária da mitologia e dos ritos sempre foi a de fornecer os símbolos que levam o espírito humano a avançar, opondo-se às constantes fantasias humanas que tendem a fazê-lo retroceder. Com efeito, pode ser que a incidência tão grande de neuroses em nosso tempo decorra do declínio, entre nós, desse auxílio espiritual eficaz".[11]

Sem tradições psicológicas e espirituais que nos ajudem a enfrentar os estágios cruciais da vida, muitas vezes nos vemos encurralados no mundo da infância, incapazes de deixá-lo para trás a fim de operar a importante transição para a idade adulta. Nos nossos dias, principalmente na nossa cultura voltada para a juventude, tornou-se cada vez mais difícil crescer. Na nossa socieda-

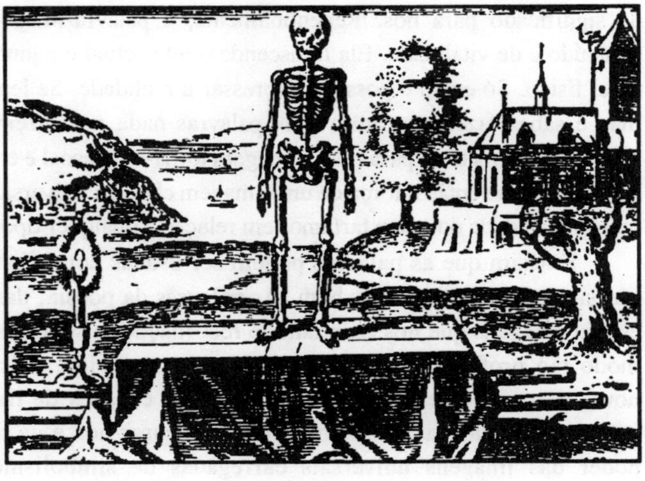

A Morte compara-se à semente plantada na terra para dar à luz uma nova vida.

de, a meta não é envelhecer e ficar mais sábio, mas permanecer eternamente jovem, não amadurecer e continuar infantil, protegidos por nossos pais ou figuras paternas e maternas, atingir as metas e realizar as expectativas deles em relação à nossa vida em vez de definir e enfrentar os nossos sonhos e esperanças.

Estamos deixando para trás os ritos de passagem, que em muitas culturas são proporcionados pelo mito e pelo ritual, que nos permitem fazer a transição de um estágio da vida para o seguinte. Sem essas ferramentas psicológicas, permanecemos presos a um estado de infância eterna e superada, incapazes de enfrentar a vida como a encontramos e de aceitar o nosso eu em transformação. A função dos ritos de passagem é permitir à psique morrer para o passado a fim de renascer para o futuro. Tal é o objetivo dos exercícios e imagens incluídos neste livro, tal é o significado do símbolo da Morte. Depois do seu período de inverno, a psique pode mais uma vez renascer, como Perséfone, emergindo do mundo subterrâneo.

Principiamos a morrer quando nascemos, e o fim está ligado ao começo.
Manilius

A Imagem Poética

Pela imagem poética podemos vislumbrar todas as respostas que buscamos. Na poesia, as palavras tornam-se janelas abertas para um vasto campo de impressões e respostas, e nelas o pensamento associa-se ao sentimento. As palavras poéticas estão carregadas de significado e poder, em vez do habitual vazio dos *slogans*, chavões e lemas. Quando uma palavra é usada de maneira previsível e vulgar, ela perde o seu significado e o poder de afetar-nos. Mas, quando se converte em imagem, a palavra se enche de significado para nós. Repentinamente, a palavra/imagem torna-se viva e se enche de conteúdo e de vitalidade. Ela transcende o intelectual e é inundada por uma nova realidade no nível físico. Só então é possível expressar a realidade. Se lemos, por exemplo, o chavão "ser mãe é saber fazer uma torta", as palavras nada nos dizem. Mas, se virmos a nossa mãe preparando uma torta para nós, a imagem torna-se pessoal e emocionalmente eficaz. A imagem da mãe assume então a força de uma imagem clássica universal, à qual respondemos com muito mais intensidade do que o faríamos em relação a qualquer tipo de experiência literal ou externa.

É assim que as palavras podem ser usadas como ferramentas eficazes. As palavras, por si só, podem fazer-nos bem. As palavras da poesia, das canções e das histórias podem evocar imagens que nos inundam de recordações e sentimentos íntimos e nos tocam de um modo tão profundo que passam a afetar nossa vida. Tais palavras podem propiciar-nos novas percepções e compreensões pessoais capazes de transformar-nos. Tal é o uso das imagens e metáforas que têm o poder de curar-nos e de dar-nos paz de espírito. Tal é o poder das imagens universais carregadas de simbolismo. Quando visualizamos essas imagens e símbolos, encontramos o caminho que nos fará ultrapassar nossas limitações, levando-nos ao crescimento.

A diferença entre as palavras literais do jornalista, do advogado ou do redator publicitário e o simbolismo do poeta reflete a diferença entre os hemisférios esquerdo e direito do cérebro. O jornalista e o advogado precisam ser racionais e lógicos, organizados e práticos, a fim de lograrem o seu intento. O poeta, contudo, recorre ao eu interior para dali extrair memórias, sentimentos, mitos e símbolos, para tocar-nos profundamente e chegar à origem dos nossos sentimentos e recordações. É por isso que o poeta nos oferece uma realidade mais imediata que a de todos os fatos e dados apresentados pelo jornalista. As palavras do poeta nos ligam à nossa fonte de recordações e sentimentos. Enquanto o tempo avança, alterando todos os fatos para o jornalista, as palavras e as imagens do poeta são intemporais, tão verdadeiras amanhã quanto o são hoje, e profundamente mais pessoais e comoventes.

Dentro de nós, assim como no interior das palavras do poeta, estão contidos todo o poder, sabedoria, verdade, beleza e alegria da vida. Tudo o que precisamos fazer é mergulhar abaixo da superfície e trazê-los para fora. Eles existem numa forma intemporal, sempre verdadeiros e irresistíveis.

Todos já passamos pela experiência de ser atingidos por um pensamento ou sentimento que nos toca profundamente. Pode ter sido a visão de uma criança aprendendo a dar o primeiro passo ou um belo botão de flor. O momento se enche de emoção; nossos olhos podem ficar rasos d'água. É nesse momento, quando somos inundados pelo sentimento, que entramos em contato com a nossa ilimitada capacidade de responder ao tocante e ao belo nos reinos que estão além das palavras.

Quando conseguimos usar a imagem poética para libertar-nos dos mecanismos que nos prendem ao mundo prático e aprisionam os nossos sonhos, podemos experimentar uma sensação de renascimento. Um sentimento jubiloso de autodescoberta é parte do processo de liberar nossa capacidade de criar e sentir a alegria. É a metamorfose da borboleta quando adquire vida e começa a voar. É o renascimento da psique que foi condenada a permanecer no mundo subterrâneo. Quando deixamos que os nossos sonhos voem livres, a vida torna-se emocionante e significativa, porque finalmente ficamos vivos.

Contemplando...

A Busca da Vida

Este exercício demonstrará que a ênfase nas suas metas finais é apenas uma das partes da questão mais ampla de como encontrar a paz de espírito e a consciência de realização na vida.

1. Pense numa meta importante, a longo prazo, e que seja para toda a vida. Anote-a no quadro abaixo.

2. Pense em dez tarefas que o levarão a essa meta. Relacione-as abaixo da sua meta.

3. Para cada tarefa relacionada, tente encontrar uma maneira pela qual a tarefa tenha, por si só, algum valor para você.

A atividade ligada ao cumprimento de uma tarefa poderá proporcionar-lhe, por si só, auto-realização, divertimento, enriquecimento e alegria, sem que haja uma relação com a meta final. Essas atividades conferirão à sua vida algo valioso; são estes os itens importantes da lista abaixo. Sua meta só pode ser alcançada uma única vez; ela é apenas o rumo no qual você está viajando, e não a viagem em si. Esta última é formada pelas experiências que você tem ao longo do caminho.

Meta Principal: ____ .

	Tarefa para Alcançar a Meta	*Valor da Tarefa*
1		
2		
3		
4		
5		
6		
7		
8		
9		
10		

Capítulo 15
A Temperança

O símbolo da Temperança representa a adaptação ao fluxo da existência e a combinação de todos os elementos da vida com vistas a manter um equilíbrio harmonioso. Ela representa a moderação de todas as coisas no intuito de criar a harmonia.

Contemplando...

O Anjo da Temperança

O anjo da guarda está com um pé na água e o outro na terra. Uma época de novos começos está prestes a iniciar-se. Este é um período de confiança e otimismo. Milagres acontecerão. Receberemos grandes dádivas e fé à medida que continuarmos o processo de evolução interior.

O anjo derrama as águas da inspiração do cálice de prata da lua no cálice de ouro do sol para:

____

____ .

O anjo lhe diz:

Eu lhe dou ____ .

Você quer ____ .

Você pode ____ .

Se você se perdesse na sua jornada, você __________________________ .

O nome do anjo é ____ .

O anjo representa a orientação que podemos receber do inconsciente. A lua e o sol, prata e ouro, são os símbolos dos dois princípios, esquerdo e direito, *yin* e *yang*, masculino e feminino. Quando derramados juntos, purificam-se.

Este exercício lhe permitirá perceber quem esse anjo é para você, bem como captar algumas mensagens do seu inconsciente.

O anjo na figura da Temperança está combinando os poderes do sol e da lua. Esta figura feminina compreende os benefícios da ciência moderada pela ética e do conhecimento combinado com o caráter. Sua mensagem é a de que podemos assumir o comando do nosso destino quando assumimos a plena responsabilidade pelos nossos atos.

Diga para si mesmo:
Integro e combino os diferentes elementos da minha vida para criar equilíbrio, unidade e harmonia em tudo o que faço. Minha vida está repleta de alegria e de saúde.

Contemplando...

O Olho do Triângulo

A sabedoria do olho do triângulo lhe fala. Diz ela:

Você é ____.

Você pode ____.

Você precisa____.

Você quer____.

Você tem ____.

O olho do triângulo deste exercício representa a onisciência. A sabedoria do olho lhe oferece percepções intuitivas oriundas de sua sabedoria interior e onisciente.

Ouça esta sabedoria interior. Ela é o seu espírito-guia,
a origem da sua mais elevada orientação e maior entendimento.

Contemplando...

A Bandeira

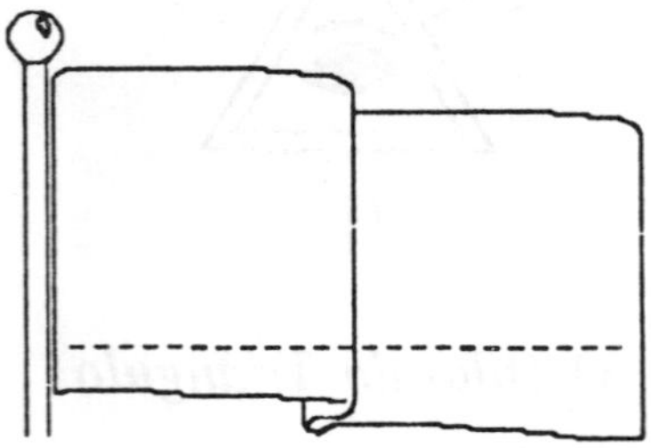

Escreva o lema que diz respeito à bandeira acima:______________________________.

Quais são as cores da bandeira? ______________________________.

Que figura se encaixa na bandeira?______________________________.

Talvez você queira desenhar a figura e colorir a bandeira acima.

> A bandeira representa a auto-afirmação e a identidade. Procure no índice cromático no final do livro o significado das cores que você escolheu para a sua bandeira. O que você pode descobrir sobre si mesmo a partir de suas escolhas?

Contemplando...

A Taça

Você encontrou uma taça ao longo da estrada que está percorrendo.

Qual a aparência da taça? ______________________________.

De onde ela veio? ______________________________.

Como se sente a respeito dela? ______________________________.

O que fará com ela?______________________________.

A taça, ou cálice, representa a plenitude da vida, as riquezas e as alegrias de viver. Suas respostas a este exercício indicarão como você se sente em relação à abundância contida na corrente da vida.

Os Sete Pecados segundo Gandhi

A idéia do equilíbrio das qualidades que criam um todo harmonioso é refletida por Mahatma Gandhi, que escreveu que existem sete pecados no mundo:

1. Riqueza sem trabalho
2. Prazer sem consciência
3. Conhecimento sem caráter
4. Comércio sem moralidade
5. Ciência sem humanidade
6. Adoração sem sacrifício
7. Política sem princípio

Na história que se segue, a heroína é capaz de integrar os aspectos masculino e feminino, corajoso e inteligente, explícito e implícito da sua natureza:

A História de Mizilca

Era uma vez, há muito, muito tempo, um velho cavaleiro que era um mágico extremamente habilidoso. Ele vivia tranqüilamente com a esposa e as três filhas até o sultão enviar-lhe uma mensagem ordenando-lhe que fosse servi-lo durante um ano e um dia. Caso não pudesse ir, deveria enviar o filho no seu lugar.

O velho lamentou-se dia e noite, pois estava idoso, manco e não tinham nenhum filho para substituí-lo. Quando suas filhas viram como ele estava triste, perguntaram-lhe: "Fizemos alguma coisa que lhe desagradou?"

"Oh, não", respondeu o velho. "Estou preocupado porque o sultão ordenou-me que fosse servi-lo durante um ano e um dia. Se eu não puder fazê-lo, ficarei desonrado, mas estou velho e manco e não tenho nenhum filho para mandar no meu lugar."

"Sou jovem e saudável. Vou vestir-me como um rapaz e irei no seu lugar", declarou a filha mais velha. Cortou, pois, o longo cabelo, vestiu-se com roupas de homem e partiu com o cavalo e a armadura do pai. Mas o pai, secretamente, cavalgou à frente dela até chegarem a uma ponte. Nesse local, ele transformou-se num javali azul e se escondeu, esperando pela filha. Quando ela chegou, o javali atacou-a. A moça gritou aterrorizada, deu a meia-volta e galopou de regresso ao castelo.

A seguir, a segunda filha do fidalgo implorou para servir no lugar do pai. O velho então deu-lhe o seu cavalo e a sua armadura e ela abalou para o palácio do sultão. Mais uma vez o velho cavaleiro foi à frente e escondeu-se entre as árvores à espreita da filha. Quando ela chegou, um leão saltou-lhe em cima. Ela gritou e galopou de volta para casa.

Então a filha mais jovem do cavaleiro pediu para ser enviada para servir no lugar do pai. "Minha querida Mizilca, como você pode ter esperanças de êxito quando suas irmãs fracassaram? Fique em casa e conserve seu longo cabelo", disse-lhe ele. Mas Mizilca insistiu em partir, de modo que o pai lhe deu um velho cavalo e uma espada enferrujada e disse-lhe que fosse. Mais uma vez o pai cavalgou à frente e escondeu-se entre as árvores.

Quando Mizilca chegou à ponte, um dragão saltou-lhe em cima, soprando fumaça e fogo. Mizilca era corajosa e não recuou. Galopou de encontro ao dragão, que desapareceu correndo na floresta. Mizilca atravessou a ponte e continuou a viagem.

Quando chegou ao castelo, Mizilca disse ao sultão que era filho do velho cavaleiro e que viera servi-lo por um ano e um dia. O sultão suspeitou que ela não era um rapaz e, sim, uma donzela, mas disse-lhe que era bem-vinda entre os seus cavaleiros.

À medida que as semanas se passavam, o sultão pôde ver que Mizilca sabia cavalgar, lutar e usar o arco e a flecha, mas quando olhava para ela não achava que fosse um homem. O sultão foi procurar uma idosa e sábia mulher e perguntou-lhe como descobrir se Mizilca era um rapaz ou uma moça. A mulher lhe disse que organizasse um bazar com sedas e jóias de um lado e armas e armaduras do outro. Se ela fosse uma jovem, examinaria os ornamentos e não daria atenção às armas, disse-lhe a velha mulher.

Mas Mizilca não se deixou enganar. Desprezou as sedas e as jóias e pôs-se a admirar as armas.

À medida que o tempo passava, Mizilca demonstrava ser corajosa, leal e forte. Ainda assim, o sultão não conseguia acreditar que ela fosse um homem. Procurou novamente a mulher sábia, que lhe disse que escondesse algumas pérolas no mingau de aveia de Mizilca. "Se ela for uma moça irá guardá-las; se não for, as cuspirá", disse a mulher.

Suspeitando do ardil, Mizilca cuspiu as pérolas como se fossem pedras.

Finalmente, passou-se um ano e um dia e chegou o momento de Mizilca voltar para casa. Ao despedir-se dela, disse-lhe o sultão: "Você me serviu muito bem, mas diga-me: você é um rapaz ou uma donzela?" Mizilca não respondeu. Montou o cavalo e ao partir gritou:

> Louvado seja o grande e poderoso sultão!
> Embora vossa palavra seja lei na terra e no mar
> Sei mais de vós do que sabeis de mim!

Esta história ilustra o grande potencial de força e coragem que a mente interior, representada pela filha mais nova, possui. Essa coragem pode nos ajudar a enfrentar os fatos da vida. O eu interior sabe mais a nosso respeito do que nós a respeito dele. Quando invocamos a ajuda do nosso poder interior nas nossas aventuras, descobrimos que também nós possuímos um novo poder e uma nova força.

O anjo da Temperança nos lembra que todos possuímos os recursos necessários para enfrentar qualquer desafio, e podemos descobrir capacidades ocultas quando aprendemos a equilibrar nossa perspectiva e a integrar num todo harmonioso os elementos divergentes da vida.

O anjo é a orientação do inconsciente, ou uma mensagem de Deus.

Mais Informações, Menos Sabedoria

Nestes dias de complexa tecnologia, deparamos com uma abundância excessiva de informações, mas não desenvolvemos a faculdade de distinguir o verdadeiro do falso, o relativo do específico, o relevante do irrelevante. Lemos e vemos as notícias pelo menos uma vez por dia, assistimos a fitas de vídeo, ouvimos rádio, lemos revistas e livros, ouvimos fitas de audiocassete, CDs e discos, falamos ao telefone e muitos de nós possuímos um computador pessoal. Temos à disposição uma quantidade ilimitada de informações, mas quase sempre não sabemos o que fazer com elas.

Diz-se que as informações serão a base de grande parte da indústria do futuro. Todos possuiremos videodiscos e videotextos, computadores caseiros e telefones "inteligentes". Os especialistas dizem que estamos saindo de uma sociedade de consumo em grande escala de bens de produção centralizada e entrando numa economia baseada em informações. Enquanto há cem anos 40 por cento dos trabalhadores dos Estados Unidos estavam ligados à agricultura, hoje em dia existem mais pessoas envolvidas na produção e na distribuição de informações do que trabalhando nas áreas da agricultura, da mineração, da indústria e dos serviços. O que mais contribui para o produto nacional bruto não são os bens ou os serviços, e sim as informações.

Dizem os especialistas em computador que um dos principais problemas de uma sociedade baseada em informações é a dificuldade de compreendermos as ilimitadas quantidades de informações à nossa disposição. Nas palavras de um jornalista, "Onde encontrar sabedoria numa era em que a informação é mais barata do que o pensamento?"

Tudo o que já foi escrito algum dia a respeito de um assunto específico pode ser mostrado na tela de um computador. Mas como distinguir o importante do inexpressivo? Estamos sendo bombardeados por dados, o que torna mais difícil que nunca a tarefa de encontrar respostas e chegar a conclusões.

O problema é diferenciar, selecionar as informações importantes dentre a massa de fatos irrelevantes. Esse processo não é analítico, visto ser uma função do outro modo de pensamento, do lado direito do cérebro, o processo que vê toda a imagem e consegue apreendê-la na presença de um sem-número de dados fragmentados.

Se a faculdade de encontrar o significado de fatos áridos e secos é tarefa do cérebro direito, talvez estejamos atravessando um ponto crítico no desenvolvimento intelectual da nossa cultura. É possível que os novos sistemas de informações nos forcem a redescobrir a utilidade dos processos do cérebro direito para sintetizar e generalizar, o que nos permitiria ver a vida em todos os níveis de forma menos fragmentada, tendenciosa e mecanicista. Poderíamos aprender a integrar a ética e a responsabilidade social nos nossos negócios e a valorizar a qualidade da nossa vida tanto quanto valorizamos o nosso valor intrínseco, aprendendo a usar os processos do cérebro direito na solução de problemas e na tomada de decisões.

À medida que a nossa sociedade for se tornando cada vez mais complexa, além de dispormos de mais informações também nos veremos diante da necessidade de fazer mais escolhas. Com um maior número de escolhas teremos mais responsabilidade. Quanto mais nos capacitarmos a conhecer, tanto mais teremos que decidir como usar o que sabemos. Por conseguinte, a era da informação também é a era do aumento da responsabilidade pessoal à medida que cada um de nós se vê diante de um número cada vez maior de dados para classificar e aceitar ou rejeitar, usar ou pôr de lado. Quanto mais soubermos mais precisaremos, decidir o que fazer com o nosso conhecimento.

A Responsabilidade Pessoal

Ao assumir a responsabilidade pelo que somos, estamos também aceitando a responsabilidade pelo que nos acontece. Assim, a idéia da responsabilidade é uma estrutura mental ou uma atitude que começa com a maneira como pensamos e se estende além de nós, afetando o nosso relacionamento com as outras pessoas e todas as experiências e circunstâncias da nossa vida.

A idéia de assumir a responsabilidade começa com a aceitação de nós mesmos como merecedores de felicidade e auto-realização. Precisamos então amar nossos semelhantes como a nós mesmos, participando da experiência comum da vida e compartilhando a responsabilidade da existência humana. Ao amar os nossos semelhantes, expressamos a compreensão de que todos compartilhamos a mesma terra e a mesma mortalidade, de que somos todos vizinhos uns dos outros. Quando nos aceitamos como somos, podemos aceitar os outros como eles são.

A força individual provém da nossa capacidade de controlar a vida, aceitando a nós mesmos e aceitando a existência de modo ativo e positivo. Ser passivo e fatalista pode às vezes parecer uma maneira fácil de fugir à responsabilidade, mas quando dizemos que tudo acontece por infelicidade ou por acaso assumimos o papel de vítima indefesa. Somente quando nos responsabilizamos pela nossa vida é que temos o poder de encontrar soluções. A afirmação da responsabilidade pessoal é a única afirmação de poder pessoal.

Somos todos capazes de demonstrar grande força, mas para recorrer a essa força temos de aceitar o nosso papel fundamental de condutor das experiências da nossa vida. Precisamos também aceitar a vida em seus próprios termos, encarando as dificuldades, a dor e o sofrimento como partes naturais da vida. Quando enfrentamos os desafios da vida a fim de crescer, descobrimos que nos tornamos o herói do drama da nossa vida e somos recompensados com força, felicidade e realização.

Revisão da 5ª Etapa

Na 5ª Etapa, você ingressou nos domínios da morte, onde encontrou o Enforcado, a Morte e a Temperança. Escreva um breve resumo sobre o que essas três imagens lhe ensinaram a respeito da natureza e do significado da morte e do auto-sacrifício, da mudança e da adaptação.

Anote os sentimentos e percepções intuitivas mais importantes que você obteve na sua peregrinação pelos domínios da morte.

6ª Etapa
A Confrontação com o Diabo

Chegou o momento de confrontar o diabo, ou o lado oculto e sombrio da sua psique.
É esta a única maneira de você transpor seus mais profundos medos,
raivas e outras barreiras que retardam o seu progresso.

Depois de chegar a um acordo com o diabo e com todos os demônios que o perseguem,
você pode renascer com maior compreensão de si mesmo, da sua vida e do mundo.
E assim você avança no caminho da auto-realização.

Capítulo 16
O Diabo

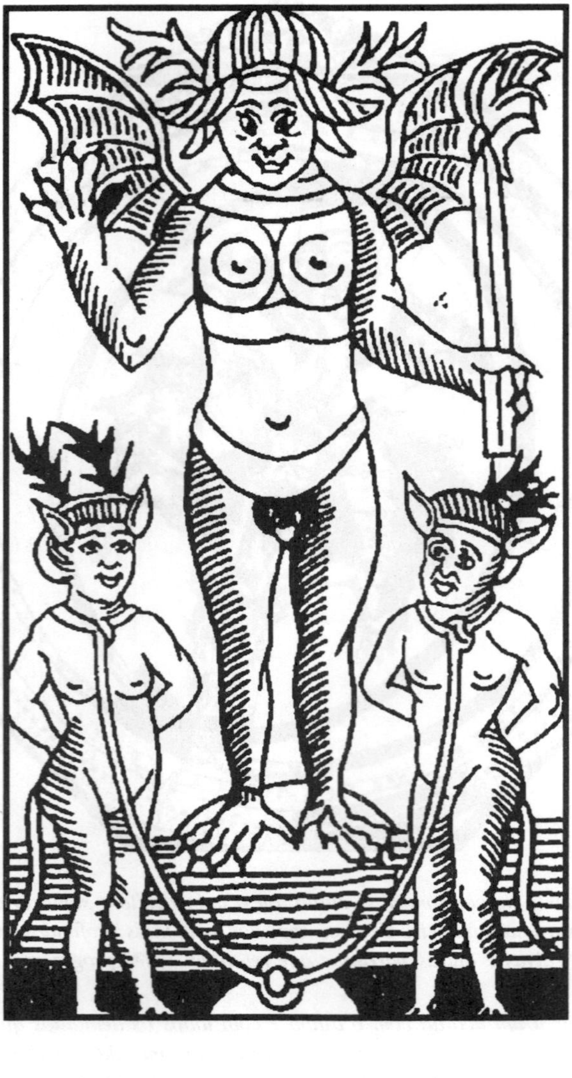

Um tema mítico fundamental é o da descida ao mundo subterrâneo, onde o herói explora os domínios da morte e chega a um acordo com o Diabo, que é a sombra ou o lado negativo da personalidade. Diz-se que a sombra segue continuamente o corpo daquele que caminha ao sol. Chegou o momento de confrontar a sombra e chegar a um acordo com ela.

O herói retorna ao mundo subterrâneo ou à terra interior, a mãe-natureza, a mãe-terra. Este é o estágio no qual a semente germina; o herói precisa passar algum tempo no mundo subterrâneo antes de poder renascer para ressurgir no mundo desperto, trazendo consigo uma nova revelação ou um novo conhecimento.

O DIABO

Contemplando...

O Diabo

Você está envolto numa escuridão tão negra quanto o fundo do mar, tão negra quanto o centro da terra. Você está na terra da noite e das sombras, onde existem grandes perigos, pois este é o domínio do Diabo.

Uma pálida chama vermelha arde a distância, e você consegue vislumbrar o contorno de uma figura. Você é arrastado na direção da figura e, ao aproximar-se, percebe tratar-se do Diabo em pessoa. Ele diz: "Sou o príncipe da falsidade, sou o príncipe das mentiras."

O Diabo o agarra e lhe passa uma corrente em volta do pescoço. Ele então lhe diz: ________

____.

Ele diz: mantenho-o cativo todos os dias da sua vida, mas as correntes que o prendem são feitas

do seu próprio ____.

Qual a aparência do Diabo? ____________________________________.

Qual a cor das suas roupas? ___________________________________.

Você pode libertar-se, mas primeiro precisa______________________.

O Diabo diz: Eu sou o Diabo, meu nome é ______________________.

Venho de ____.

Eu tenho____.

Eu quero ____.

Meu poder provém de ____.

Você pode subjugar-me do seguinte modo:_______________________.

O Diabo representa o medo e a ignorância do pensamento superficial. Este exercício identificará para você a origem desses sentimentos e lhe mostrará como livrar-se deles.

O Diabo significa o medo e a ignorância, quando o encontramos ao longo do nosso caminho.

O Diabo gera a escuridão, a escuridão gera a ignorância.
Martinho Lutero, *Table Talk*, 67

Diga para si mesmo:
Transcenderei as trevas da ignorância e superarei
o caos dos meus mais profundos temores.

O Mergulho no Rio da Meia-Noite

Na escuridão da noite, você chega à margem de um rio e é arrastado para dentro das águas geladas. Enquanto se debate para respirar, você vê uma criatura emergir das profundezas.

Ela lhe diz:

Meu nome é ____ .

Eu sou ____ .

Existo por causa de ____ .

Vou levá-lo a ____ .

Lá você deverá aprender a grande lição, que é ______________________________ .

Sua tarefa é ____ .

Sua recompensa será ____

____ .

A água é o seu inconsciente. A criatura é o Diabo, ou seu lado sombrio. Este exercício o ajudará a compreender alguns dos segredos que não são visíveis para a sua mente prática e consciente e que o forçam a fazer certas coisas e a reagir de determinadas maneiras que o surpreendem e parecem totalmente opostas à maneira como você acha que deveria reagir ou espera que vá reagir.

A água é o seu inconsciente. A criatura à direita é o Diabo, ou o lado sombrio. O pássaro representa a alma.

Sentindo-se Perdido e Desamparado

Dante descreveu o sentimento de estar perdido e desamparado, de ter-se desviado do caminho da verdade, em *O Inferno*, Canto 1.

> Da vida ao meio da jornada
> Tendo perdido o caminho verdadeiro,
> Achei-me embrenhado em selva escura.
> Descrever qual fosse tal aspereza umbrosa,
> É tarefa assaz penosa,
> Que a memória reluta em relembrar.
> Tão triste era que na própria morte
> Não haverá muito mais tristeza.
> Mas, desejando celebrar o Bem que ali encontrei,
> Também direi a verdade sobre as outras coisas vistas.
> Não posso dizer como cheguei até ali,
> Pois quando (inadvertidamente)
> Abandonei o caminho certo,
> O sono me embotava os sentidos por completo...[12]

...tendo perdido o caminho verdadeiro, achei-me embrenhado em selva escura.

Na fábula que se segue, três soldados se vêem diante do Diabo, que pretende levá-los consigo.

O Diabo e Sua Avó

Uma guerra estava em andamento. O rei tinha muitos soldados, mas pagava-lhes um soldo muito baixo. Três soldados se reuniram e decidiram desertar.

– Se formos capturados, eles nos enforcarão. Como podemos escapar? – perguntou um deles.

O segundo soldado respondeu:

– Vamos esconder-nos no trigal, onde ninguém nos verá. As tropas não podem entrar lá e amanhã irão embora.

E assim os três desertores entraram furtivamente no campo de trigo. Mas as tropas não se afastaram, permanecendo acampadas por todos os lados. Os desertores passaram dois dias e duas noites no trigal, até que ficaram com tanta fome que quase morreram. Mas sair do esconderijo significaria morte certa.

De repente, um dragão flamejante surgiu voando pelo ar e parou no campo onde os soldados estavam escondidos. O dragão lhes perguntou por que estavam se escondendo.

– Somos três soldados, desertamos porque o nosso soldo era excessivamente baixo e agora morreremos de fome, se permanecermos aqui, ou enforcados, se sairmos do nosso esconderijo – explicaram eles.

– Se prometerem servir-me durante sete anos – disse o dragão –, eu os transportarei por cima do exército e ninguém poderá capturá-los. – Os soldados concordaram, pois não tinham escolha.

Na verdade, o dragão não era outro senão o próprio Diabo. Depois de conduzir os soldados a um país distante, deu a cada um deles um pequeno chicote, dizendo:

– Tudo o que têm a fazer é estalá-lo e todo o dinheiro que desejarem simplesmente saltará do chão. Tudo o que terão de fazer será apanhá-lo. Poderão viver como príncipes, ter cavalos e andar em carruagens. Mas no final de sete anos pertencerão a mim. – Deu-lhes então um livro para assinar. – Antes de levá-los embora – disse ele – eu lhes darei uma última oportunidade. Vou apresentar-lhes um enigma. Se adivinharem a resposta, estarão livres e não terei mais nenhum poder sobre vocês.

Dito isso, o dragão levantou vôo e os três soldados partiram com seus pequenos chicotes.

Tendo agora bastante dinheiro, os soldados viviam no conforto e no luxo. O tempo passou rapidamente, e, quando os sete anos estavam para terminar, dois dos soldados foram tomados de pânico. O terceiro lhes disse:

– Não se preocupem, irmãos; todos os problemas podem ser resolvidos se tivermos fé e trabalharmos com afinco. Encontraremos uma resposta para esse enigma.

O terceiro soldado partiu em busca da resposta para o enigma. No campo, encontrou uma velha senhora que lhe perguntou o que estava procurando. O soldado contou-lhe como haviam servido o Diabo durante sete anos e agora ele estava prestes a levá-los embora se não conseguissem descobrir a resposta do enigma.

A velha disse-lhe que procurasse na floresta uma cabana em forma de rocha. Era a casa do Diabo. O soldado finalmente encontrou a cabana, dentro da qual estava uma velha. Ele contou a sua história e ela ficou muito penalizada. Disse-lhe que se escondesse no celeiro e prestasse atenção. A seguir, a velha avó foi preparar o jantar do Diabo. Quando este chegou voando, à meia-noite, ela lhe perguntou:

– Você capturou muitas almas hoje?

O Diabo respondeu:

– Não, hoje não, mas em breve terei as almas dos três soldados. Depois de lhes pedir a resposta ao meu enigma, vou levá-los embora.

– Qual é o enigma? – perguntou a avó.

– Apenas isto – respondeu o Diabo. – Eu lhes servirei um peixe-coelho assado pescado no mar do Norte, a costela de uma baleia será a sua colher de prata e o casco oco de um cavalo o seu copo de vinho.

Pela manhã, o soldado saiu furtivamente do celeiro, agradeceu à avó do Diabo e voltou para junto de seus amigos. Contou-lhes as respostas do enigma do Diabo.

Quando este veio buscá-los, disse:

– Agora vocês terão que vir comigo, a não ser que consigam adivinhar a refeição que vou lhes servir.

O primeiro soldado disse:

– Você vai servir um peixe-coelho do mar do Norte.

O segundo soldado disse:

– Você vai usar a costela de uma baleia como colher de prata.

E o terceiro soldado disse:

– O casco oco de um cavalo será o copo de vinho.

Ao ouvir as respostas, o Diabo desapareceu furioso, pois havia perdido o poder sobre os três soldados.

Nesta história, o eu (ou o terceiro soldado) foi capaz de chegar a um acordo com as forças das trevas (ou com o Diabo) ao compreender os seus segredos.

Muitas vezes nos sentimos perdidos e desamparados por causa da idéia errônea que temos a respeito do nosso lugar no universo. Trata-se de um medo falso e sem fundamento; não precisamos ser escravos da necessidade e do acaso. As forças da vida que parecem trazer a adversidade podem, na verdade, trazer-nos grandes benefícios quando aprendemos a superá-las.

O dragão, ou o Diabo, é o nosso ego e a nossa ganância, e pode ser superado quando compreendemos a nós mesmos.

A História de Jonas e a Baleia

O profeta Jonas recebeu ordem de Deus para ir pregar numa terra distante, na cidade de Nínive. Como não queria ir a Nínive, Jonas dirigiu-se à costa e embarcou num navio que zarpava para Tarshish, situada na direção oposta.

Depois de vários dias no mar, uma grande tempestade ameaçou afundar o navio. Jonas compreendeu que a tempestade era um castigo de Deus por haver desobedecido à Sua ordem. Contou à tripulação do navio o que havia feito e lhes disse:

– Joguem-me ao mar e a tempestade cessará.

Mas os homens ficaram com pena de Jonas e decidiram tentar conduzir o navio, a remo, de volta à terra. Entretanto, quanto mais remavam, mais agitado ficava o mar.

Finalmente, os homens chegaram à conclusão de que a única maneira de salvar o navio era jogar Jonas ao mar. Tão logo o fizeram, a tempestade cessou e o mar ficou calmo.

Jonas foi jogado de um lado para outro no mar até surgir uma grande baleia que o engoliu. Jonas permaneceu vivo no ventre da baleia durante três dias e três noites, rezando e pedindo a Deus que o perdoasse. Depois disso, a baleia abriu a boca e atirou Jonas em terra seca. Ele partiu então para Nínive a fim de fazer o trabalho de Deus.

Jonas foi engolido e passou três dias no ventre da baleia.

A Jornada pelo Mar da Noite

A história de Jonas e a baleia configura um tema mítico clássico da jornada pelo mar da noite na qual o herói entra na barriga de uma baleia de onde finalmente acaba saindo, transformado. A baleia é a imagem do útero e simboliza a grandeza e a força da vida que estava oculta no inconsciente e esmagou a personalidade consciente. O herói é tragado pelo desconhecido, onde parece ter morrido. A passagem por esse umbral é uma forma de auto-aniquilação na qual o herói se volta para o interior a fim de renascer mais tarde.

Essa história é uma metáfora do estado psicológico depressivo do herói, que o força a atentar para o seu inconsciente. Ele deixa os domínios do conhecido e do familiar, onde se sente orientado, e parte para os confins do desconhecido, que é como o lago ou o mar. Lá, um monstro das profundezas vem ao seu encontro.

Nessa história, Jonas foi engolido e passou três dias no ventre da baleia. Isso representa a personalidade consciente entrando em contato com o inconsciente, onde todas as regras são diferentes e o consciente deixa de ter o controle das coisas. Assim, o herói é forçado a suportar as provações e os perigos de uma jornada pelo mar da noite, a fim de chegar a um acordo consigo mesmo.

Em algumas das histórias do mar da noite, o herói entra em conflito com o poder das trevas e o destrói, como fez São Jorge com o dragão. Mas se o inconsciente, ou o dragão, for conquistado, a mente consciente assume o controle total e o indivíduo perde o contato com suas partes humanas criativas e físicas, deixando de ser, portanto, uma pessoa completa. Por outro lado, se o dragão do inconsciente vencer a batalha, o herói será devorado pelas suas compulsões irracionais e egoístas. O desafio, por conseguinte, é encontrar um equilíbrio entre os dois reinos; esse equilíbrio é o centro do eu.

Afirmou-se que para dominar a natureza devemos primeiro aprender a obedecer às suas leis. Até então, seremos mantidos em cativeiro pela ignorância. Negar o nosso lado escuro seria ao mesmo tempo tolo e destrutivo. Em vez disso, precisamos reconhecer e enfrentar a besta, pois ela está dentro de nós. Não podemos matá-la, mas podemos compreendê-la. Tão logo a compreendamos, seremos capazes de dirigi-la, ao admitir nossa responsabilidade pessoal para com ela.

Autodisciplina

Inerente ao conceito de responsabilidade e orientação pessoal está a autodisciplina, a faculdade de criar hábitos que contribuirão para a nossa felicidade, sucesso e bem-estar. É preciso determinação para superar a inércia. Uma vez encetada, a atividade progride quase que por si mesma, mas toda iniciativa requer autodisciplina. Sem esta última, nada podemos realizar. Não obstante, quando nos disciplinamos numa determinada área da vida, torna-se mais fácil fazer o mesmo em outras porque nos sentimos mais fortes e melhor em relação a nós mesmos. A força e o orgulho proporcionados pelas nossas realizações estimulam-nos a assumir um número cada vez maior de metas. Sentimo-nos bem em relação a nós mesmos quando somos capazes de sobrepujar nossos demônios. Quando compreendemos que temos o poder de controlar a nossa vida, descobrimos que podemos usar esse poder para realizar qualquer coisa.

É muito fácil enganar a nós mesmos e fazer um trabalho medíocre. Mas logo ficamos frustrados por não termos alcançado nossas metas e podemos até desistir. Isso faz parte de um padrão no qual sofreamos nossos melhores esforços ou poupamos nossa energia, evitando entregar-nos totalmente aos desafios que encontramos. Na verdade, talvez digamos a nós mesmos que a meta não vale os nossos melhores esforços. É claro que estamos nos enganando quando só damos o que nos convém. Por que deveríamos esperar grandes resultados quando não empregamos os nossos maiores esforços? Se não dermos o melhor de nós, nossa vida será menos do que poderia ter sido.

Quando combatemos os nossos demônios, eles podem tornar-se a fonte dos nossos maiores benefícios. Entretanto, embora tenhamos que aprender a chegar a um acordo com eles, não é preciso eliminá-los.

O Uso do Humor

A competição é a criadora de todas as coisas.
Heráclito

O Diabo pode ser visto como a força colérica e destrutiva da vida. E, contudo, essa força é importante.

Quando você está apegado ao seu ego e centrado em si mesmo, você está vulnerável a todas as frustrações, agonias e desesperanças do mundo material. Você nunca consegue realizar ou acumular o suficiente. Pode passar o tempo que quiser lamentando o passado, mas nunca logrará melhorá-lo.

Nos antigos rituais e cerimônias de dramatização, o Diabo tinha freqüentemente a aparência de um bobo, de um bufão ou de uma personagem cômica. Esse embusteiro, um dos aspectos do Diabo, apronta das suas justamente quando tudo está caminhando bem. O embusteiro é a serpente no Jardim do Éden, tentando Eva com a maçã exatamente quando tudo parecia estar perfeito.

O embusteiro é também o palhaço que nos faz rir de nós mesmos, dos nossos problemas e da nossa insensatez. Quando rimos, abandonamos o controle do ego e por um momento podemos aceitar a vida em seus próprios termos. O humor é o contrapeso do ego, e o riso melhora tudo.

O embusteiro é também o palhaço que nos faz rir de nós mesmos e dos nossos problemas.

Quando se torna demasiado difícil lidar com a vida, encontramos instintivamente alguma coisa que nos faz rir. Na verdade, o remédio da natureza para o conflito interior e as complexidades da vida é o riso. Rir de nós mesmos pode ser relaxante e até servir de terapia. Quando rimos, o ego relaxa o seu controle e podemos aceitar mais facilmente tanto as nossas fraquezas quanto as dos outros. O humor nos permite ver as coisas de um novo prisma e encontrar novas respostas para os nossos problemas.

Em geral, o riso é provocado pelas nossas fraquezas e mesquinhez. Rimos dos nossos pontos fracos, e quando rimos nossos conflitos mentais se desfazem. Rir é o antídoto emocional e físico natural para a tensão e constitui uma das nossas melhores faculdades para sobreviver num mundo tão complicado.

Levamos a nós mesmos e aos nossos interesses tão a sério que muitas vezes esquecemos as necessidades do resto do mundo. Além disso, a realidade material palpável é a única que temos aceitado, enquanto o resto da vida tem sido perdido, solapado e desprezado. Esse fato conduziu-nos a um mundo no qual a competitividade pessoal, o consumo e a posição social se tornaram os valores predominantes.

Quando rimos das forças negativas ou do Diabo, onde quer que ele apareça, seja em nós mesmos, seja nos outros ou no mundo, estamos empregando um instrumento instintivo de sobrevivência. A percepção do que existe de cômico na vida é um dos grandes tesouros interiores que podem nos salvar.

O Diabo, ou o embusteiro, lembra-nos que, se quisermos mudar nossa vida, teremos de fazê-lo por conta própria, e uma maneira de começar é rindo de nós mesmos e das nossas futilidades, o que as priva do poder que exercem sobre nós.

Quando rimos das nossas futilidades, privamo-las do poder que exercem sobre nós.

Os dois exercícios que se seguem apresentam maneiras de você usar o humor para lidar com alguma coisa que o esteja aborrecendo.

Contemplando...

A Intenção Paradoxal

Neste exercício, você deseja a coisa que mais teme. Esse fato elimina a ansiedade da antecipação, que geralmente é a fonte da tensão.

Antecipamos e nos preocupamos com os mais diversos tipos de coisas terríveis. Quer elas efetivamente aconteçam ou não, envenenamos o nosso corpo com preocupações. Para acabar com esse mau hábito, simplesmente deseje o extremo do que você mais teme. Fantasie a situação até o absurdo; faça piadas a respeito dela; fale sobre os resultados extremos que está imaginando. Preste atenção na sua tolice e ria de si mesmo. Torne seu exagero hilariante e deixe que as outras pessoas riam dele. Depois, em vez de esperar o pior, você enfrentará os seus temores e rirá deles.

1. Escreva numa folha de papel avulsa ou no seu diário aquilo que você mais teme.

2. Feche os olhos e imagine que o que você escreveu realmente aconteceu. Imagine vividamente os detalhes.

3. Exagere a situação na sua mente – imagine-a até o mais extremo absurdo.

4. Descubra o ridículo contido no que imaginou. Permita-se ver o humor na sua tolice.

5. Permita-se rir da sua representação mental dessa *reductio ad absurdum*. Você poderá até chegar a ponto de relatar publicamente a sua história e deixar que os outros riam dela com você. Desse modo, você será capaz de enfrentar o demônio e transformá-lo numa piada.

Exagere a situação que o incomoda até o absurdo.

A Dessensibilização Através do Humor

Você precisará de cinco fichas de arquivo. Anote em cada uma delas um aspecto do problema que o está incomodando. Na primeira ficha, escreva a primeira etapa, o aspecto mais suave do problema, a parte do problema com a qual você tem mais facilidade em lidar. Numa segunda ficha, escreva a segunda etapa, o segundo aspecto difícil do problema. Prossiga até ter dividido o problema ou preocupação em cinco etapas que variam do aspecto mais brando ao mais grave.

Por exemplo, se estiver preocupado a respeito de dinheiro, poderia escrever "comprar um carro novo" na primeira ficha. Como esta não é uma questão vital, você poderia adiá-la um pouco ou comprar um carro usado. Poderia escrever "comprar mantimentos" na segunda ficha, pois esta é uma necessidade bastante real, mas você provavelmente pode se arranjar economizando e, portanto, não passar fome. Poderia escrever "pagar a hipoteca" (ou "o aluguel") na terceira ficha, visto ser esta uma despesa importante e inadiável. Quando chegar à quinta ficha, você poderia escrever "conseguir um emprego melhor", uma vez que esta poderia ser a base do seu problema e provavelmente sua maior fonte de ansiedade.

1. Comece pela primeira ficha. Pense em todas as coisas mais tolas que possa imaginar. No exemplo acima, a primeira ficha está relacionada com a compra de um carro. Você poderia imaginar que comprou um tipo de carro bem esquisito. Quando conseguir visualizar uma imagem que o faça rir, descreva-a na primeira ficha. A ficha seguinte envolve a compra de mantimentos. Você poderia dizer que planeja escrever um livro de receitas culinárias para gatos; ele conteria receitas de panquecas para gatos, bolos para gatos, e assim por diante. Pense em alguns exemplos ridículos que o façam rir. Escreva-os na segunda ficha.

Você pode superar seus temores e fobias imaginando-os associados a alguma coisa cômica.

2. Continue fazendo o mesmo em cada ficha, imaginando soluções absurdas para o problema. As imagens devem ser ridículas a ponto de diverti-lo em vez de deixá-lo ansioso. À medida que for progredindo com as fichas, as imagens devem tornar-se cada vez mais engraçadas com o aumento da gravidade da situação. Por exemplo, no caso de um novo emprego, você deverá imaginar as imagens mais ridículas e engraçadas que conseguir, e então descrevê-las na quinta ficha.

3. Sente-se agora tranqüilamente, numa posição relaxada. Feche os olhos e relaxe o mais profundamente possível, deixando a mente divagar. Quando estiver profundamente relaxado, comece com a primeira ficha. Leia-a e visualize a imagem engraçada que escreveu nela.

4. Depois de ter rido ou pelo menos achado a primeira ficha divertida, passe à seguinte. Continue até ter lido todas as fichas. Se começar a sentir-se ansioso, volte à ficha anterior. Não passe à seguinte enquanto não sentir que está pronto para fazê-lo num estado mental completamente relaxado. Se sentir qualquer ansiedade, transforme a reação em riso.

Este exercício é especialmente útil para a superação de temores ou fobias. A exposição imaginária e gradual associada a alguma coisa engraçada permitirá que você se acostume paulatinamente ao objeto dos seus temores de maneira segura e não-ameaçadora.

Descubra maneiras de transformar sua ansiedade em riso.

Os dois exercícios seguintes se propõem evocar recordações e idéias da mente interior para ajudá-lo a desenvolver maior senso de responsabilidade e controle em relação à vida.

Contemplando...

Exercício para Lidar com a Vida

Preencha os retângulos em branco.

Relacione cinco acontecimentos da sua vida dos quais se lembre com tristeza ou pesar.	Escreva alguma coisa que cada acontecimento lhe ensinou.	O que você ainda está aprendendo com essa experiência?	De que maneiras essa experiência pode melhorar sua vida no futuro?
1			
2			
3			
4			
5			

Exercício para Lidar com o Presente

Escreva três coisas que o tornam infeliz.	Escreva algo que cada uma dessas coisas pode lhe ensinar.	Como essa situação ou experiência pode melhorar sua vida?
1		
2		
3		
Escreva uma maneira pela qual você pode assumir maior responsabilidade relativamente a cada uma das situações relacionadas acima.	**Qual é o resultado ideal da sua maior responsabilidade?**	**De que modo você pode assumir maior responsabilidade a fim de alcançar sua meta?**
1		
2		
3		

Capítulo 17
A Torre

As duas pessoas violentamente atiradas da Torre na figura eram prisioneiras do intelecto e da luta pelo poder, o aspecto prático e material da sua natureza. Haviam perdido o contato com a base do seu ser e com as águas fluidas da sua natureza mais íntima. Foram então confrontadas com a impropriedade das suas percepções humanas diante da força dos elementos da natureza. O relâmpago ofereceu-lhes a oportunidade de um vislumbre repentino da verdade, um lampejo de inspiração, uma grande descoberta.

Contemplando...

O Interior da Torre

Imagine que você se encontra numa torre elevada.

Qual a aparência da Torre? ______________________________.

Como você se sente no interior da Torre?______________________________.

O que você faz lá dentro? ______________________________.

Por que você está na Torre?______________________________.

Relacione três maneiras pelas quais você poderia sair:

1 ______________________________.

2 ______________________________.

3 ______________________________.

A Torre representa confinamento, sensação de isolamento. O que você encontra lá dentro simboliza o que se mantém oculto no seu íntimo. Este exercício lhe dará algumas idéias a respeito da natureza dos seus segredos mais íntimos e de como você pode libertar-se da sua sensação de isolamento.

Contemplando...

Caindo da Torre

Um homem e uma mulher estão presos na Torre, onde está frio, úmido e escuro. De repente, o céu se ilumina e um raio atinge o alto da Torre. O fogo arde na direção do céu e as duas pessoas são arremessadas da Torre para o chão.

Complete as seguintes frases:

Fui aprisionado na Torre por causa do meu ______________________________ .

O raio que atingiu a Torre veio de ______________________________ .

Depois da minha queda, eu serei ______________________________ .

A Torre é feita do meu ______________________________ .

Agora que estou livre, eu quero ______________________________ .

Aprendi que ______________________________ .

A Torre representa as forças ocultas na sua mente interior, bem como a crença errônea de que você está isolado da vida e das outras pessoas. O raio atinge a torre para destruir a ignorância e libertar os prisioneiros que lá se encontram.

As duas pessoas dentro da Torre são os aspectos masculino e feminino da sua psique. Elas se desvincularam das suas profundezas e são arremessadas da Torre. Psicologicamente, experimentam essa remoção como um estado de depressão que as força a reavaliar seu estilo de vida e seus valores.

Suas respostas a este exercício devem dar-lhe uma idéia da origem da sua experiência de depressão bem como da necessidade de uma nova perspectiva.

Diga para si mesmo:
Com um lampejo de percepção, liberto-me das limitações dos meus antigos hábitos mentais.
Descubro uma nova sabedoria no despertar do entendimento.

Contemplando...

As Duas Torres

Imagine que você vê duas torres à sua frente.

O que há dentro das torres? ______________________________ .

Como você se sente em relação a elas? ______________________________ .

O que elas parecem representar para você? ______________________________ .

O que existe além das torres? ______________________________ .

As duas torres são os lugares onde você escondeu os seus segredos. Este exercício indica como você se sente em relação a esses segredos e qual o significado deles para você. O que você vê além das torres é um símbolo do seu crescimento e da sua liberação.

Maid Maleen

Era uma vez uma filha de um grande rei chamada Maid Maleen. Essa princesa amava um jovem príncipe, mas o pai queria que ela casasse com o filho do rei do país vizinho. Maid Maleen recusou-se a casar com o príncipe escolhido pelo pai. Furioso, o rei mandou trancá-la numa torre durante sete anos.

Maid Maleen e sua dama de companhia foram emparedadas no interior da torre, cuja dispensa havia sido abastecida com comida para vários anos.

O príncipe de quem Maid Maleen gostava cavalgou muitas vezes ao redor da torre chamando o seu nome, mas as paredes eram excessivamente grossas e nenhum som conseguia atravessá-las. Finalmente, acreditando que estivesse morta, o príncipe partiu.

O tempo passou devagar para a princesa e sua dama de companhia. Elas sabiam que o tempo estava passando porque o estoque de comida estava diminuindo. Por fim, quando a comida acabou, a princesa se pôs a esperar o som dos homens do rei derrubando as paredes para libertá-las.

Mas não houve nenhum ruído. A princesa imaginou que o pai a teria esquecido e por isso decidiu tentar escavar o caminho de saída. Ela e sua dama de companhia se alternavam escavando a terra. De repente, um raio atingiu a torre e a parede desmoronou.

Na noite nevoenta, as duas jovens viram que o castelo e todas as partes do reino que seus olhos conseguiam alcançar estavam em ruínas. Pela manhã, começaram a vagar em direção aos confins do reino através dos campos áridos e queimados. À noite, dormiam debaixo de sebes e comiam frutos silvestres.

Chegaram enfim a um reino à beira-mar. Conseguiram arranjar trabalho como empregadas na copa do castelo. Ora, era esse o reino do príncipe que Maid Maleen amara sete anos antes. Durante todo esse tempo, o príncipe chorara por ela, mas finalmente, aquiescendo ao desejo dos pais, decidiu casar. Ele consentira em casar com qualquer moça que eles escolhessem, dizendo que isso pouco lhe interessava. Os pais escolheram uma princesa rica e de coração insensível. O rosto pouco atraente deixava-lhe transparecer a frieza interior.

Tiveram início os preparativos do casamento, mas a noiva ainda não havia aparecido, receosa de que o príncipe viesse a mudar de idéia. Assim, permaneceu em seus aposentos, onde fazia suas refeições.

No dia do casamento, a princesa disse a Maid Maleen, que lhe levava suas refeições:

– Hoje você vai vestir o meu vestido e tomar o meu lugar para que o príncipe não mude de idéia antes da cerimônia. Não lhe diga uma só palavra. Depois assumirei o meu lugar ao lado dele. Maid Maleen protestou, dizendo que o plano não era correto, mas a princesa insistiu, ameaçadora:

– Fique quieta, senão mandarei decepar-lhe a cabeça!

Sem outra alternativa, Maid Maleen vestiu o vestido de noiva e jurou não dirigir a palavra a nenhum homem ou mulher naquele dia. O príncipe cumprimentou-a cortesmente, olhando-a com surpresa e interesse, mas ela não pronunciou uma só palavra. Enquanto a conduzia para a igreja, ele pensava que ela devia ser muito tímida.

Durante o percurso, Maid Maleen disse a um arbusto de urtigas:

– Urtigas, afastem-se, porque eu sou a verdadeira noiva.

– O que você disse? – perguntou o príncipe. Mas Maid Maleen não disse mais uma só palavra.

Quando chegaram à praia, ela disse:

– Mar, afaste a maré, porque eu sou a verdadeira noiva.

– O que você disse? – perguntou o príncipe, mas Maid Maleen não respondeu uma só palavra.

Quando chegaram à igreja, Maleen disse:

– Igreja, abra suas portas de par em par porque eu sou a verdadeira noiva.

Então o padre uniu as mãos dos dois e os declarou casados. O príncipe colocou um anel de ouro no dedo de Maleen, beijou-a e conduziu-a de volta ao palácio para o banquete e o baile de casamento.

A princesa sorriu para o príncipe, mas não disse uma só palavra. Devolveu o vestido de noiva, tornou a vestir seus trapos da cozinha mas conservou o anel porque, estando este muito apertado, não conseguiu tirá-lo do dedo.

Nessa noite, quando o príncipe se dirigiu ao quarto da princesa insensível, esta colocou um véu no rosto e diminuiu a claridade do aposento.

– O que você disse hoje ao arbusto de urtigas? – perguntou ele.

– Eu não converso com arbustos – retrucou, desdenhosa, a princesa.

– O que você disse ao mar? – perguntou ele.

– Eu não converso com o mar – respondeu ela.

– O que você disse à porta da igreja? – perguntou ele.

– Eu não converso com portas – escarneceu ela.

– Então você não é a verdadeira noiva – disse o príncipe.

– Sou sim – respondeu, furiosa, a princesa.

– Onde está o anel que coloquei no seu dedo? – perguntou o príncipe.

– Eu o perdi – respondeu a princesa.

O príncipe afastou-lhe o véu e ficou chocado ao ver que estava na presença de uma mulher diferente daquela com quem acabara de casar.

– Quem é você e como entrou aqui? Que aconteceu à minha verdadeira noiva? – inquiriu o príncipe.

– Eu estava doente e por isso mandei a minha criada em meu lugar – respondeu a princesa.

– Mande buscá-la, quero vê-la – exigiu o príncipe.

A princesa insensível concordou, mas em segredo ordenou aos guardas que executassem Maleen imediatamente, dizendo:

– É uma ladra. Ela roubou o meu anel de casamento.

Os guardas agarraram Maid Maleen, mas esta gritou tão alto que o príncipe ouviu. Ele correu para o pátio e ordenou aos guardas que a libertassem.

– Quem é você? – perguntou ele. – Você é a imagem exata da minha amada Maid Maleen, que morreu numa torre há sete anos.

– Eu sou Maid Maleen – respondeu ela. – Fui encerrada na torre, mas não morri. Quando escapei, sete anos depois, o reino do meu pai fora destruído e vaguei pelos campos até chegar a este castelo.

O príncipe rejubilou-se e abraçou a verdadeira noiva. Ordenou então que a princesa insensível fosse mandada de volta para casa.

O príncipe e Maid Maleen reinaram juntos durante muitos e muitos anos. A torre permaneceu de pé. Quando passavam por ela, as crianças costumavam cantar:

Girassol, margarida-dos-campos,
Quem está sentada dentro da torre?
É uma louca princesa.
Ninguém consegue encontrá-la.
Não há tempestade capaz de pôr a torre abaixo,
Mas o raio pode derrubar a parede.
Ó carvalho, ó salgueiro,
Venham e sigam-me.

O eu interior está preso dentro da Torre.

Nesta história, a princesa, ou o eu interior, está presa no interior da Torre, que representa as limitações e as repressões do mundo material. Depois que o raio atinge a Torre e ela é libertada, a princesa pode enfim superar os obstáculos que a mantiveram apartada do seu verdadeiro amor, ou de sua auto-realização. O relâmpago é um símbolo do lampejo de percepção capaz de libertar-nos das idéias autolimitadoras.

O Objetivo da Depressão

No estado psicológico de depressão sentimo-nos embotados e inertes, sem ambição ou energia criativa. Não obstante, é importantíssimo passar por esse estado porque ele indica que as camadas mais profundas da nossa personalidade foram recalcadas a ponto de não mais podermos alcançá-las. O estado de depressão indica que perdemos o contato com partes importantes do nosso ser.

Muitas vezes uma pessoa criativa sofre profunda depressão antes de iniciar uma nova obra ou quando o seu trabalho se acha a meio caminho. Isso acontece porque ela se descuidou de algumas forças criativas importantes, que ficaram soterradas no inconsciente.

Sentimos amiúde que a nossa depressão está baseada na raiva ou na frustração porque não conseguimos satisfazer nossos desejos materiais. Entretanto, o verdadeiro sentimento de auto-realização só pode ser espiritual. Na verdade, o estado de depressão indica a oportunidade de uma nova atitude que nos possibilitará encontrar novas direções e prioridades.

Com a depressão surge a oportunidade de restabelecermos um elo com os nossos anseios ocultos, de modo que possamos trazer à tona informações reprimidas que se tornarão a base de uma transformação pessoal. Esse é o significado do símbolo da Torre.

Esta xilografia de Albrecht Dürer mostra o Apocalipse, vigoroso tema medieval do fim do mundo. Esse estado de caos físico e mental é conhecido psicologicamente como depressão.

A Era da Informação

Nesta era de requintada tecnologia computadorizada, privamo-nos de grande parte da nossa força e sabedoria interiores. O tipo de informações disponível hoje em dia, a despeito da avançadíssima tecnologia de computador, é apenas um baralhar e rebaralhar de dados já conhecidos. Não estamos mais próximos de percepções intuitivas verdadeiramente originais e importantes do que estávamos antes dos dias do computador. Não existe equação ou programa, por mais sofisticado que seja, mesmo que se tenham reunido e analisado todos os dados, capaz de compreender a natureza da realidade.

Na complexidade, confusão e cinismo da nossa era, nossa percepção da qualidade dramática da realidade que se expande neste momento foi posta de lado. Pensamos que a realidade é o que vem relatado na primeira página dos jornais, mesmo que esses elementos já não sejam verdadeiros, pois as coisas mudam depois de terem sido escritas. Como pudemos observar em capítulo anterior, o tempo altera tudo. O que lemos hoje tornou-se história; já não é um relato preciso do que está acontecendo neste exato momento. Por isso, embora possamos sentir que dispomos de um grande número de informações, o que temos na verdade é apenas a interpretação do fato, apresentada por uma pessoa, jornal ou rede de televisão, e mesmo essa interpretação já será obsoleta no momento em que chegar até nós.

Além disso, a linguagem usada pelos jornais é um modo de expressão exterior, linear, incapaz de descrever as verdadeiras complexidades internas de experiências para as quais não existem palavras. Por conseguinte são-nos inculcadas, em relação à realidade, impressões absolutamente imprecisas, distorcidas, limitadas e não raro cínicas.

Somos constantemente bombardeados por um volume cada vez maior de fatos. Educamos nossos filhos com fatos – eles precisam decorar listas de nomes, datas, lugares e números. Mas, com todas essas informações, não nos aproximamos nem um pouco mais da compreensão dos elementos verdadeiramente importantes da existência, como: por que estamos aqui, o que é a vida, a natureza da morte, o objetivo do sofrimento e assim por diante. Só quando abandonamos o conhecido para ir ao encontro do desconhecido, só quando sacrificamos o consciente em prol do inconsciente é que nos aproximamos um pouco mais dessas verdades. Para isso, precisamos usar as palavras na sua forma não-concreta. As histórias, os poemas, as canções e os mitos nos falarão a respeito da verdadeira natureza da vida.

As histórias tratam do que acontece à personalidade à medida que ela molda a si mesma e é moldada pelos mundos interior e exterior. As histórias são metáforas das lutas que se verificam na psique e contêm informações mais importantes e valiosas a respeito do modo de viver a vida do que as suscetíveis de serem compiladas no mais requintado banco de dados computadorizado.

O Poder das Palavras

Quando são usadas para representar o mundo concreto e linear, as palavras podem ser manipuladas, racionalizadas e classificadas. Podem ser rapidamente compreendidas e esquecidas. A descrição concreta de um lago, por exemplo, poderia incluir sua profundidade e o fluxo da água, sua composição química, temperatura e turvação. O lago seria comparado a outros do mesmo tamanho ou poderia ser examinado em função da sua localização geográfica. Mas só ao ser descrita poeticamente é que a imagem do lago se torna vital. Usadas poeticamente, as palavras têm o poder de levar-nos ao riso ou às lágrimas, além de infundir significado à vida ou mesmo à morte.

Não experimentamos o mundo de maneira verbal ou consciente, mas por via de símbolos, que são uma expressão espontânea do inconsciente. Grande parte da nossa existência permanece no nível irracional, para além da realidade da compreensão consciente e das palavras usadas em sentido literal. Uma experiência primária é a sensação física e emocional da qual a palavra ou um grupo de palavras só consegue aproximar-se. Quando tentamos descrever a cor vermelha ou explicar uma coisa salgada, por exemplo, precisamos ir além das palavras e tocar a imaginação. Isso acontece porque o corpo e a mente interior não falam a linguagem das palavras.

A palavra em si, usada no seu contexto metafórico e poético, mergulha lentamente no nosso ser e afeta a nossa vida. Quando são usadas para representar símbolos e imagens, as palavras encerram mensagens do silencioso porém sábio eu interior que são reconhecidas e classificadas pelo cérebro lógico, o cérebro esquerdo, em função do seu relacionamento com outras informações. Usamos essas palavras para expressar os episódios mais importantes da nossa vida e para compreender o que está acontecendo. Freqüentemente é esse emprego das palavras que define o aspecto crítico de uma situação, daí a importância de se aprender a pensar, a falar e a entender as coisas de maneira simbólica e abstrata.

Quando são usadas pelo eu consciente as palavras também exercem um grande poder sobre a mente interior. O inconsciente acredita no que ouve, sem lógica ou qualificação. O eu interior ouve passivamente e aceita como verdadeiro tudo quanto lhe dizemos. (É por isso que muitas vezes nos sentimos doentes depois de telefonar para o escritório dizendo que não podemos ir trabalhar por causa de uma doença qualquer, quando o que queríamos era apenas um dia de folga.)

As palavras que usamos têm um peso tremendo. Se dissermos coisas pessimistas e cínicas, a mente subconsciente as escutará e acreditará no que dizemos. Mesmo se pensarmos silenciosamente nas palavras, o efeito será o mesmo, a mente subconsciente ouve, acredita e age de acordo com as palavras que pensamos.

As palavras são as nossas mensageiras. As palavras que pronunciamos voltam para nós, quer como bênçãos, quer como fardos. Tornam-se a nossa experiência. Assim, é importante pronunciarmos palavras de poder e harmonia, palavras que tragam à tona o que há de melhor em nós mesmos e nas outras pessoas.

Na verdade, o simples fato de nutrirmos pensamentos positivos a respeito dos outros parece possuir um poder misterioso. Não raro é mais benéfico alimentar pensamentos positivos a respeito de alguém, por exemplo, do que lhe dar conselhos ou mostrar-se crítico com relação a essa pessoa. Quando os outros percebem num nível intuitivo ou subconsciente os nossos pensamentos positivos, sentem-se estimulados a desenvolver o seu poder pessoal. Tal é o segredo do grande mestre, segundo a tradição socrática. Se você acreditar no entendimento fundamental e inato do indivíduo, a educação torna-se um simples processo de estimular e trazer à luz a sabedoria interior do indivíduo.

Esta também é a base dos programas de pensamento positivo. A mente subconsciente se empenhará em demonstrar aquilo que dizemos a nós mesmos, acreditando que tudo o que ouve é um fato concreto. Se dissermos que estamos doentes, sentir-nos-emos doentes. Se afirmarmos que somos fortes, sentir-nos-emos fortes. A mente interior acredita no que ouve e age de acordo com isso.

A prece é um exemplo do emprego positivo das palavras. Quando oramos, acreditamos. Como acreditamos, nossas palavras exercem um efeito eficaz.

Se virmos uma imagem mental e usarmos as palavras adequadas, poderemos efetivamente condicionar ou fazer uma lavagem cerebral na nossa mente, fazendo-a supor que as informações que lhe fornecemos são verdadeiras. Se nos virmos mentalmente como sendo bem-sucedidos, nossa mente subconsciente admitirá que isso aconteceu e que podemos fazê-lo novamente. É por isso que os jogadores de basquete, na experiência descrita no Capítulo 4, foram capazes de aumentar seus pontos apenas imaginando que haviam praticado. Tudo o que desejamos na vida precisa primeiro ser aceito pela mente interior, que silenciosamente controla nosso destino.

Se nos virmos como uma pessoa atraente, saudável e bem-sucedida, e dissermos a nós mesmos que essa imagem é precisa, nossa mente interior certamente cooperará conosco. Por outro lado, porém, se dissermos a nós mesmos que somos gordos, feios e perdedores, descobriremos que a nossa estrutura mental corresponde a essa imagem e nos arrastaremos pela vida transformando essas imagens negativas em realidade. Tal o poder que as palavras têm sobre a nossa vida. Tornamo-nos aquilo que vaticinamos.

Além disso, se as palavras que usarmos vierem do mais íntimo do nosso ser, se forem a expressão das nossas imagens mentais, elas terão o peso do destino e se manifestarão como o nosso futuro.

Tal é a experiência simbolizada pelas figuras que caem da Torre, emparedadas pela própria limitação da sua perspectiva e finalmente arremessadas para uma reavaliação que lhes dá a oportunidade de criar novas imagens para si mesmas e de transformar-lhes a vida. A Torre representa idéias falsas. O relâmpago derruba formas existentes de sociedade e de interação social, ou formas de comunicação, e abre caminho para novas formas através de um lampejo de percepção que vem do subconsciente.

As duas figuras arrojadas ao chão foram arruinadas porque se haviam limitado a formas externas de experiência. O raio traz uma inovação, lembrando-nos que a vida pode ser plena e rica quando nos permitimos experimentar nossos sentimentos e sensações. Podemos superar nossas limitações quando dizemos a nós mesmos que é possível fazê-lo.

O que dizemos e pensamos afeta quem somos. As palavras podem curar quando são usadas como mensageiras do espírito. As duas figuras arremessadas para fora da Torre estão prontas para redescobrir o uso das palavras como expressões de sensações e sentimentos que ajudarão a integrar as nossas experiências nos nossos pensamentos.

Contemplando...

A Mente sobre o Corpo

O seguinte experimento de *biofeedback* é uma ilustração do efeito que as imagens mentais podem exercer sobre o corpo. Para este exercício, você precisará de um termômetro comum:

1. Tome a temperatura dos dois primeiros dedos da sua mão direita apertando-os um contra o outro com um termômetro entre ambos.

2. Imagine que suas mãos estão dentro de uma tigela com água gelada. Imagine esse fato o mais vividamente que puder. Forme mentalmente a imagem do gelo e a sensação que ele transmite aos seus dedos.

3. Tome novamente a temperatura dos seus dois dedos. Continue a imaginar que os dedos estão mergulhados numa tigela com água gelada, até constatar efetivamente a queda da temperatura.

Com base nessa demonstração, você verá o extraordinário poder que sua mente pode exercer sobre o seu corpo e, por conseguinte, sobre a sua vida.

Revisão da 6ª Etapa

Na 6ª Etapa você enfrentou o Diabo. Descreva a natureza do seu Diabo pessoal e defina-o por escrito, bem como o que essa imagem lhe ensinou a respeito da sua luta neste ponto da sua vida. Escreva a respeito da sua prisão, ou Torre, e como ela pode ser destruída a fim de libertá-lo.

Descreva os sentimentos e as percepções intuitivas mais importantes que o Diabo lhe proporcionou a respeito de si mesmo. Qual a melhor maneira de subjugar o Diabo e fugir da Torre?

7ª Etapa
O Renascimento

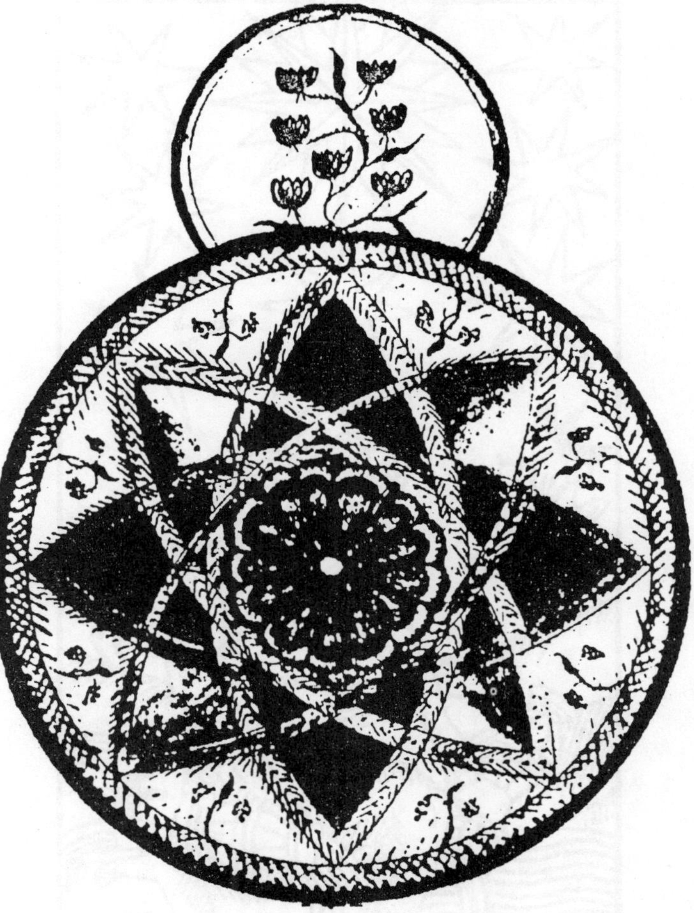

O herói morreu violentamente e visitou o mundo subterrâneo.
É chegada a hora do renascimento e da derrota da morte.

As estações avançam em ciclos, o sol e a lua têm o seu período. Esta é a fase do renascimento; os demônios foram derrotados e das profundezas da sua psique você está pronto para renascer.

Capítulo 18
A Estrela

A estrela representa a visão interior, os olhos da noite. Ela é a esperança nas trevas, o olho onisciente e a Rainha do Céu. A mulher da figura medita sobre os elementos do universal e sobre o cósmico, visto ter-se desprendido das preocupações pessoais e egocêntricas da vida cotidiana.

A Pesca

Visualize-se num barquinho flutuando ao longo de um rio.

Visualize-se flutuando num barquinho. Você lança a linha na água e puxa alguma coisa.

Que objeto você puxa de dentro da água?______________________________________.

Qual a cor dele?____.

Qual a aparência dele?____.

Como você se sente em relação a ele? ____.

O que você faz com ele? ____.

O objeto que você puxou da água lhe fala. Ele diz:

Eu sou ____.

Eu sinto ____.

Eu quero ____.

Eu penso ____.

Eu devo ____.

Eu secretamente _______________________________________.

Você continua a flutuar no barco. Como você se sente? ______________________

Para onde você está indo? ______________________________.

Que você fará quando chegar lá? __________________________.

Pescar representa a tomada de consciência de atitudes, opiniões e sentimentos inconscientes. O objeto que você puxou para fora da água era originário da sua mente inconsciente.

Este exercício pode ajudá-lo a descobrir seus sentimentos e pensamentos mais profundos. Ele reflete a sua mente interior, ou o lado oculto. Se a criatura que você puxou for feia, assustadora ou, de certo modo, ameaçadora, pare neste ponto e converse um pouco com ela. Faça-lhe perguntas sobre a origem do seu mal-estar, ou quaisquer outras que lhe pareçam importantes, e escreva as respostas. Mais tarde, examine essas respostas para obter uma imagem clara do problema. Aceite o que encontrar e descubra maneiras de negociar com a criatura. Para ser feliz e se sentir bem, você precisa desenvolver novas maneiras de ter um bom relacionamento com o seu lado oculto.

Seguir o rio é um símbolo do futuro. Se você não gosta do que vê, visualize algo melhor e conserve essa imagem.

O pescador está pescando para Netuno, a parte masculina inconsciente do eu, e para a sereia, a parte feminina inconsciente do eu. A pesca é um tema comum nos sonhos. Simboliza a tomada de consciência de sentimentos e atitudes inconscientes.

Contemplando...

A Estrela

Nenhuma estrela acaso vislumbrada
Está perdida.
Sempre podemos ser
O que poderíamos ter sido.

A. Procter
Legend of Provence

A estrela representa a etapa da jornada na qual aprenderemos que todas as nossas experiências são necessárias para a formação do nosso caráter.

As estrelas costumam ser usadas para representar as forças orientadoras. Os navegadores usavam-nas para se orientar através dos mares não-cartografados. Os astrólogos as usam para predizer as tendências futuras. A estrela de Belém guiou os Reis Magos até a manjedoura.

As estrelas são a luz pela qual nossa percepção interior se orienta. Sua mensagem é a de que, se ouvirmos, nos tornaremos iluminados; a verdade se revelará para nós no silêncio. A meditação é a arte de ouvir nesse silêncio.

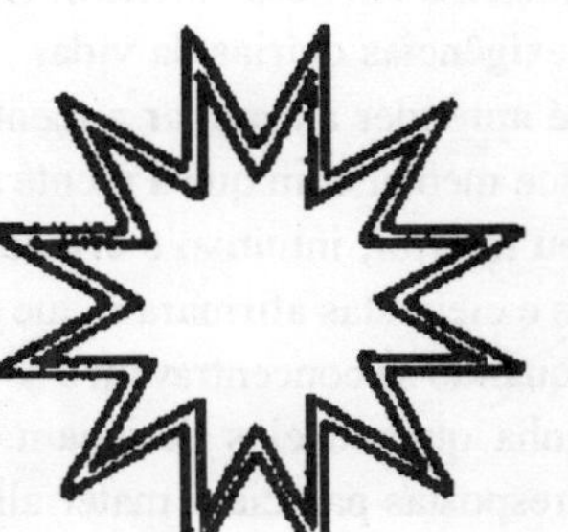

Diz-se que a estrela representa uma presença divina.

A Meditação

Em geral, estamos apenas vagamente conscientes dos nossos estados mentais. Só nos tornamos conscientes da maneira como nos sentimos quando experimentamos emoções extremas. Quando reparamos na maneira como nos sentimos, supomos geralmente que o nosso estado mental foi produzido por algum evento ou circunstância exterior que está além do nosso controle. Julgamos ser vítimas do acaso; somos governados pelas condições atmosféricas, pelas outras pessoas ou pela sorte. Acreditamos não ter o poder de controlar nossos sentimentos.

Na verdade, porém, temos a capacidade de controlar nossos pensamentos e sentimentos. Eles são criados dentro de nós, e não pelas observações de alguém, pelas condições atmosféricas ou pelo destino. E é porque eles vêm de dentro de nós que podemos controlá-los. A maneira mais fácil de fazê-lo é aprendendo a meditar.

A meditação é uma ferramenta pela qual podemos desenvolver a faculdade de controlar nossos estados mentais. É a prática de olhar para o interior com o objetivo de sobrepujar os estímulos externos e desenvolver uma estrutura mental tranqüila. Quando estamos interiormente em paz, podemos entrar em contato com a grande riqueza do inconsciente, fonte de toda sabedoria e poder.

Quando meditamos, podemos adotar uma atitude positiva e evitar cair no desânimo e no desespero. A meditação livra-nos da tensão, da ansiedade e do estresse que nos assediam diariamente, relaxa o nosso corpo e purifica a nossa mente. Durante todos os minutos do dia, recebemos constantes e aleatórios estímulos exteriores. Para preservar a ordem e descobrir a nós mesmos na presença desse contínuo ataque, é necessário encontrar uma base interior, um centro. Pela prática da meditação, podemos estabelecer uma comunicação com o nosso eu interior e encontrar uma parte de nós mesmos capaz de permanecer impermeável ao ruído do mundo.

A meditação é mais do que um mero exercício mental e mais do que uma técnica destinada ao aperfeiçoamento pessoal. É a experiência de recebermos placidamente a inspiração e a iluminação vindas do interior, elevando-nos acima da esfera do pensamento cotidiano e ingressando numa consciência sublime de pensamento intuitivo. Quando meditamos, estamos buscando a fonte de sabedoria existente em nosso interior. É essa fonte que pode fornecer todas as respostas e soluções para as exigências diárias da vida.

O objetivo da meditação é aprender a acalmar a mente consciente, deixando de lado os assuntos irrelevantes e a tagarelice mental com que a mente se ocupa constantemente, a fim de descobrir na tranqüilidade um eu interior, intuitivo e criador.

Muitos grandes inventores e cientistas afirmaram que suas soluções mais brilhantes para problemas difíceis não surgiam quando se concentravam e se empenhavam para obter respostas. Pelo contrário, a inspiração vinha quando eles desistiam e saíam para dar um passeio ou resolviam tirar um cochilo. As respostas pareciam materializar-se a partir do nada, depois de cessar toda análise e exame consciente. Quando meditamos, estamos buscando essa quietude mental que permite que as respostas aflorem. Todas as trivialidades e conversas fiadas da mente consciente só servem para interferir na calma interior. Na meditação, aprendemos a deixar que as distrações desapareçam placidamente, tornando a mente consciente calma e receptiva.

A estrela de cinco pontas (com uma das pontas voltadas para cima) representa as aspirações, a luz e a orientação espiritual.

O uso da força de vontade não silencia eficazmente a tagarelice interior, porque essa força é em si um esforço e invalida o propósito. Em vez disso, encontrar um estado de tranqüilidade mental é uma questão de pôr de lado todos os ruídos e adentrar mais profundamente um reino de serenidade que está além das palavras, o reino do significado puro.

Muitas vezes, confundimos a palavra com a coisa em si, mas a palavra é apenas um esforço consciente para identificar uma verdade interior. Quando a mente está usando palavras, não é possível encontrar um significado genuíno, uma vez que tudo o que podemos aprender com as palavras é aquilo que elas aproximadamente representam. O cérebro direito só nos fala por meio de imagens, de símbolos e sentimentos, de modo que, quando o lado esquerdo está tagarelando ruidosamente, o lado direito não pode ser ouvido. Na meditação, damos ao nosso lado criativo e silencioso a oportunidade de comunicar-se conosco.

A pessoa que medita experimenta uma quietude e uma calma interiores à medida que sua mente se volta para o interior. Não existem, contudo, lampejos de fulgor criativo ou inspirações criadoras repentinas e drásticas. Os efeitos da meditação são geralmente sutis e graduais. A pessoa que medita simplesmente se sente mais tranqüila, equilibrada e em harmonia com a vida. Quando a mente está clara, as respostas criativas podem surgir, porque a pessoa está em contato com os reinos da sabedoria criadora.

A meditação propicia espaço para um novo fluxo de idéias que melhorarão a maneira como nos sentimos, o modo como reagimos a situações e a qualidade do trabalho que fazemos. A meditação abre o reservatório interior de criatividade, de intuições, de idéias e de poder, tornando-os disponíveis para o nosso uso diário. Esta é uma forma de relaxamento que libera recursos interiores para a auto-realização, a liberdade psíquica, a harmonia e a criatividade.

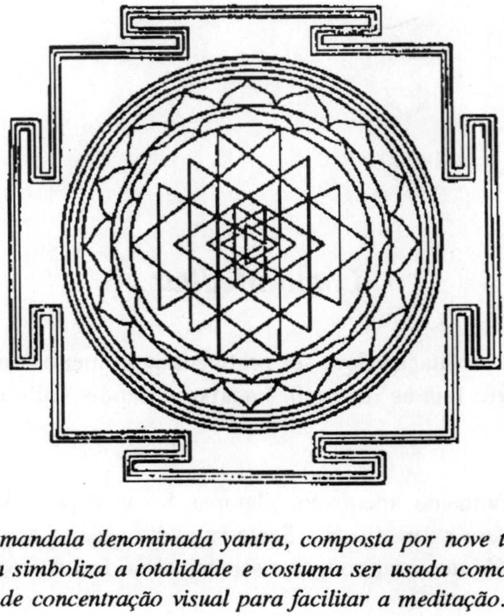

Esta é uma forma de mandala denominada yantra, composta por nove triângulos interligados. A mandala simboliza a totalidade e costuma ser usada como um ponto de concentração visual para facilitar a meditação.

Contemplando...

Os Propósitos da Meditação

O objetivo da meditação é levar a alma a uma harmonia e comunicação com o universo e com Deus e encontrar o reino interior.

Medite para encontrar um momento de tranqüilidade, longe do barulho e da confusão.

Medite para reter a consciência de si mesmo.

Medite para encontrar paz e harmonia.

Medite para conservar um equilíbrio harmonioso entre você e a vida cotidiana.

Medite para obter clareza e perspectiva.

Medite para atrair poderes curativos.

Medite para obter orientação.

Medite para impregnar-se do espírito de Deus.

O reino de Deus está dentro de nós.
Jesus

Contemplando...

Como Meditar

Para ser eficaz, a meditação deve ser praticada pelo menos uma vez por dia durante quinze minutos. Primeiro leia as instruções abaixo e depois volte atrás e siga-as passo a passo.

1. Escolha um momento adequado, algumas horas depois de se alimentar, pois o processo digestivo interfere na meditação. Sente-se numa cadeira confortável, num aposento tranqüilo. Certifique-se de que suas roupas e sapatos estão frouxos o bastante para que você relaxe totalmente.

2. Recoste-se e, abandonando todos os pensamentos, preocupações e temores, permita-se relaxar calmamente.

3. Relaxe as mãos no colo e incline ligeiramente a cabeça para a frente. Não cruze as pernas. Feche os olhos. Relaxe o corpo.

4. Comece tomando consciência dos seus pés e libere a tensão que encontrar neles. Suba então para os tornozelos, para os músculos da panturrilha e depois para a perna e o resto do corpo, relaxando cada uma das suas partes. Quando chegar ao rosto, repare na tensão que se concentra na sua testa e ao redor da boca quando você relaxa os músculos dessas regiões. Explore mentalmente o seu corpo, buscando pontos de tensão. Quando encontrar um local tenso, abandone-se e relaxe.

5. Os sistemas de meditação, em sua maioria, usam um mantra, palavra que funciona como uma vassoura que varre todos os outros pensamentos da mente. O mantra torna-se o único som na sua cabeça, uma parte da sua respiração. Escolha um som, como *om* ou *amém*. (Herbert Benson, autor de *The Relaxation Response*, usa a palavra *one*). Continue a repetir o mantra enquanto respira.

6. A respiração é importante. Você deve respirar profunda, porém naturalmente, usando o diafragma. Inspire. Agora, enquanto expira, diga mentalmente a palavra que escolheu como mantra. Faça-o cada vez que respirar, de modo que todas as outras palavras e pensamentos desapareçam.

7. Você deverá estar respirando pelo nariz. Experimente agora inspirar profundamente e prender o fôlego por 15 ou 20 segundos; depois, solte o ar lentamente. Faça uma pausa e repita esse procedimento várias vezes, retornando então ao ritmo normal de respiração, enquanto continua a meditar.

Todo ser humano é um cosmos com todas as estrelas no seu interior.
Paracelso

Algo como os efeitos da meditação ocorre naturalmente quando nós fazemos coisas como jardinagem, banho de sol, navegação, passear a pé, cavalgar, escutar música e fazer trabalhos manuais, ou em qualquer ocasião quando a mente consciente relaxa e permite que os pensamentos interiores passem por ela.

A meditação é um meio eficiente para um auto-relaxamento completo em poucos minutos, a fim de aquietar a mente consciente e experimentar a quietude interior, para dar lugar a níveis mais profundos de inspiração e compreensão.

Quando tiver encontrado o começo do caminho, a estrela da sua alma lhe mostrará a sua luz.
A Cabala

A estrela de nove pontas formada por três triângulos é conhecida como a estrela mística e é muito usada como mandala.

A estrela de seis pontas representa a criação e é também o Selo de Salomão. Nela se combinam os triângulos masculino e feminino.

Capítulo 19
A Lua

Somos como a lua. Não podemos ser encerrados numa definição. Somos mutáveis e dinâmicos. Não existe nada estático na nossa condição humana. Todos os dias parecemos um pouco diferentes e nos sentimos diferentes do que éramos antes. Como a lua, estamos em constante mudança. Todas as coisas vivas estão em contínuo estado de transformação dinâmica.

O significado não está em suspensão, à espera de ser analisado pelos matemáticos ou físicos, e não podemos entender as complexidades e os mistérios da vida através de meros cálculos e abstrações. É pela intuição, a partir dos tesouros ocultos nas profundezas do subconsciente, que podemos alcançar a verdadeira compreensão da vida.

Contemplando...

A Lua

A lua cheia cintila sobre o lago. Enquanto percorre o caminho que passa pelas torres, você consegue ver com uma clareza que nunca teve antes. Você ouve um som no alto e, ao olhar para o céu, é capaz de discernir o rosto de uma mulher no grande risco redondo da lua.

A mulher da lua é o olho da noite, a tecelã do destino. É ela que controla as marés, as chuvas, as águas, as inundações e as estações. É a causadora da mudança. A mulher da lua lhe dirige a palavra. Ela diz:

Tenha cuidado com ____.

Sua sabedoria vem do ____.

Lembre-se sempre de ____.

Use o seu ____.

A mulher da lua transmite-lhe a seguinte mensagem: ____________________

____.

A lua representa a sua imaginação, seus poderes intuitivos. A mulher da lua é a voz desses sons. Suas respostas a este exercício procedem do seu conhecimento interior.

As águas da vida fluem entre o sol masculino da mente consciente e a lua feminina do inconsciente.

Diga para si mesmo:
Estou em harmonia com a minha sabedoria interior, e minha vida é enriquecida por uma compreensão intuitiva e uma percepção humana.

Podemos transcender os fatos imediatos e alcançar um reino intemporal onde a realidade é fluida e variável, e a verdade, inabalável. Tal é a meta que atingimos através da jornada pela noite primordial; tal é a mensagem da lua.

A Deusa da Lua

A bela Selene, deusa da lua, desliza através do céu noturno arrastando a lua atrás de si. Ela viaja num carro puxado por dois bois, cujos chifres são a imagem das meias-luas de sua cintilante coroa.

A deusa pára entre as estrelas flamejantes no alto do céu e o grande orbe da lua resplende sobre todo o mundo, perfeita por uma noite. Depois, aos poucos, a lua começa a se desvanecer. Noite após noite, ela vai encolhendo até que o mundo seja envolto pela escuridão.

Então, a governante das trevas, a grande Hécate, deusa do mundo subterrâneo, chega para governar a noite. Hécate usa um ninho de cobras no longo cabelo negro. A pele das cobras está sempre se soltando e se renovando. Até que a lua nova apareça no céu, a terrível rainha das trevas reina soberana. Ela é a governante da lua escura, do mundo e do mundo subterrâneo.

Eis a mensagem de Hécate: Sem trevas não há luz, sem morte não há vida.

Hécate, a deusa do lado escuro da lua, usava no cabelo um ninho de cobras.

O Merceeiro

Um jovem merceeiro foi ao mercado comprar verduras e legumes para vender na sua loja. Precisou sair de casa de madrugada para chegar ao mercado na hora de abrir. No caminho, teve o pressentimento de que algo de bom estava para lhe acontecer. "Terei sorte nesta viagem", pensou.

Quando o jovem merceeiro estava a meio caminho do mercado, teve a surpresa de encontrar um embrulho na estrada e o apanhou. Apenas uma nesga de lua brilhava, e estava tão escuro que o merceeiro teve de esperar até o amanhecer para examinar o achado.

Quando houve luz suficiente, o merceeiro examinou o embrulho. Ficou pasmo ao constatar que ele continha mil e quinhentas notas de um dólar. Sentiu-se tão animado e feliz que correu ao mercado e comprou carne magra, frutas frescas e arroz, esquecendo-se completamente das hortaliças frescas para a sua mercearia.

Quando o rapaz chegou em casa, a mãe lhe perguntou por que não havia trazido as hortaliças. Ele contou-lhe que achara mil e quinhentas notas de um dólar na estrada e que, chegando ao mercado, comprara comida e se esquecera totalmente das hortaliças.

– Tem certeza que este dinheiro não é roubado? – perguntou-lhe a mãe. – Se você o achou no chão, deve levá-lo de volta! Vá até o local onde o encontrou e espere que a pessoa que o perdeu volte. Poderá então devolvê-lo.

Voltou, pois, o merceeiro ao lugar onde achara o dinheiro na noite anterior. Logo surgiu um homem que disse haver perdido o seu dinheiro. Ao entregar o embrulho ao homem, nem passou pela cabeça do rapaz perguntar-lhe quanto ele perdera. Os curiosos que se haviam juntado para observar o que estava acontecendo insistiram com o homem para que gratificasse o jovem merceeiro pela sua honestidade em devolver o dinheiro, mas o avarento respondeu:

– Perdi três mil notas de um dólar. Metade do meu dinheiro desapareceu.

Os curiosos puseram-se a discutir a respeito das quantias declaradas. Por fim, a questão foi levada ao tribunal. O juiz interrogou o rapaz e depois a mãe deste, constatando que suas respostas estavam de acordo uma com a outra. Pediu então aos litigantes que apresentassem declarações por escrito ao tribunal. O homem jurou que perdera três mil notas de um dólar; o jovem merceeiro jurou que encontrara mil e quinhentas notas de um dólar.

Finalmente, o juiz tomou sua decisão.

– O dinheiro encontrado não era o deste homem – disse ele. – As mil e quinhentas notas de um dólar irão para o digno e honesto merceeiro e para sua mãe.

Disse então ao homem que afirmava haver perdido seu dinheiro:

– As três mil notas de um dólar que você perdeu devem estar em outro lugar. Vá procurá-las você mesmo.

Reflexões...

Em Busca da Alma

A meditação é uma técnica mediante a qual a mente e o corpo se aquietam para que possamos focalizar nossa atenção no eu interior. Ironicamente, nossa busca interior nos conduzirá finalmente ao exterior, para além das preocupações egocêntricas do ego, a uma abertura para a vida.

Se toda a nossa atenção estivesse concentrada em nós mesmos, acabaríamos chegando a um impasse. Mas, quando partimos em busca da nossa alma, estamos indo além do eu, buscando um significado maior do que os limites do eu podem proporcionar. Quando transcendemos o ego, abrimos a nossa percepção para um plano maior.

Como todas as coisas estão constantemente em estado de transformação, quase sempre é difícil encontrar o nosso rumo se estivermos procurando marcos externos. Mas, quando buscamos interiormente as respostas, embora em constante mudança, elas estarão sempre ao nosso dispor.

Muitas vezes, quando nos encontramos num estado de letargia, de desespero, de dor, de solidão, de depressão e até de loucura, podemos estar à beira de uma grande visão e inspiração. Nosso estado de desespero é amiúde apenas um ponto de parada no caminho do desenvolvimento pessoal.

Ao voltar-nos para o interior, podemos encontrar uma senda que deixa para trás a destruição e avança rumo à salvação e a uma nova vida. Se aprendermos a acreditar que existe um poder maior do que nós mesmos, e se nos permitirmos ultrapassar nossas limitações, descobriremos que somos capazes de transcender as fronteiras do eu e que temos à nossa disposição uma profusão de recursos. Ao usar o poder da fé para conduzir-nos, através do óbvio imediato, na direção do que está além, chegaremos a um ponto onde a vida está constantemente num estado dinâmico de mudança e crescimento e onde a imaginação é mais forte do que a vontade.

Todas as coisas estão em transformação. Nada morre. O espírito vaga, surgindo ora aqui, ora ali, e ocupando a forma que deseja. Pois o que antes existia já não existe, e o que não era passou a ser: e assim todo o ciclo do movimento é mais uma vez percorrido.

Ovídio

A Entrada no Ventre da Baleia

O sol é sempre o mesmo, perene, nunca se transforma, em nenhum sentido. A lua, por outro lado, é um corpo que aumenta, diminui e desaparece, um corpo cuja existência está sujeita à lei universal da transformação, do nascimento e da morte.

A lua, como o homem, tem uma carreira que envolve a tragédia. O ciclo da existência da lua, como o do homem, termina na morte. Durante três noites o céu estrelado exibe a ausência da lua. Mas essa morte é seguida de um renascimento, o da lua nova.[13]

O perpétuo ciclo de retorno da lua às suas origens torna-a representativa dos ritmos da vida. A lua está relacionada com os ciclos das marés, das chuvas, da vida das plantas e da fertilidade. As imagens associadas ao desaparecimento da lua no céu escuro da noite e ao seu reaparecimento têm seu eco na história de Jonas e a baleia e nas diversas jornadas pelo mar noturno da mitologia. Nessas histórias, o herói precisa vencer o monstro que pode devorar a mente consciente.

Nesse caso, a entrada no ventre do monstro é simbolizada pelo desaparecimento da lua no céu, o qual, em termos psicológicos, é uma regressão à noite primordial. Retornar ao mundo exterior corresponde a passar do caos à criação.

Muitas vezes precisamos experimentar algum tipo de caos mental antes que possamos ter uma renovação psíquica. Não existe, por conseguinte, nenhuma vantagem em evitar a convulsão emocional. Na verdade, o que precisamos é aprender a fazer a peregrinação pelas trevas. Lá descobriremos algo de valor a respeito de nós mesmos e de nossa vida, e poderemos trazê-lo conosco quando voltarmos para casa depois da jornada através da nossa alma.

Em termos simbólicos, a lua representa o entendimento intuitivo que podemos encontrar no nosso íntimo. Podemos precisar fazer uma viagem às águas cósmicas para captá-lo ou para experimentar um momento de turbulência e depressão emocional, mas sempre podemos encontrar o caminho de volta da escuridão, emergindo, como a lua nova, prontos para recomeçar o ciclo de vida e do crescimento.

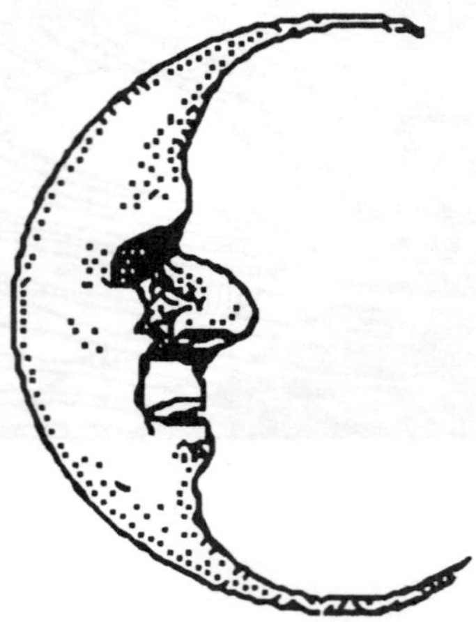

Capítulo 20
O Sol

O sol representa a força vital do universo; é o símbolo do poder cósmico supremo, o centro da existência e da inteligência, o olho do mundo. Dante disse: "Não existe coisa visível de mais valor em todo o mundo, mais merecedora de servir como símbolo de Deus, do que o sol, que ilumina com luz visível, primeiro a si mesmo, e depois todos os corpos celestes e cósmicos."

A criança desta figura representa a pessoa que se submeteu às provações e às mortes simbólicas da vida, que nos transformam em seres humanos mais completos, mais sábios e mais santos. Os girassóis indicam um afastamento do negativo, em direção à luz.

Em muitos mitos do mundo, o sol é visto como o ponto central do céu, a porta através da qual as almas passam do tempo para a eternidade.

Contemplando...

O Poder do Sol

O calor do sol o aquece enquanto você caminha pela senda coberta de exuberante vegetação. Você lhe sente o poder enquanto ele penetra nas fibras mais profundas do seu ser. Sua mente está clara. Você se sente inspirado. Compreende agora coisas que lhe escaparam no passado. O sol brilha sobre os lugares secretos, revela respostas ocultas e você se torna iluminado.

Uma nova sabedoria e grandes poderes de compreensão lhe dizem que:

Você pode ______________________________ .

Você tem ______________________________ .

Você quer ______________________________ .

Você compreende ______________________________ .

Você agora é capaz de ______________________________ .

Você pode conseguir ______________________________ .

O sol representa a iluminação e o entendimento. As dádivas do sol são a clareza e a sabedoria. A energia do sol é símbolo de crescimento pessoal, otimismo e idealismo. O círculo do sol representa a totalidade e a criatividade.

Diga para si mesmo:

Sou entusiasmado e otimista. Tenho uma consciência de clareza e entendimento e antevejo uma época de criatividade e desenvolvimento pessoal.

O sol representa a divindade onividente e o centro do ser, onde se encontra o entendimento intuitivo.

O Exercício do Sol

Este exercício lhe dará uma idéia dos seus sentimentos a respeito de si mesmo e do modo como poderá aperfeiçoá-los.

Nos raios do círculo abaixo, escreva todas as coisas que você não aprecia ou que considera defeitos em alguém que você conhece. Dentro do círculo, escreva as qualidades opostas a esses defeitos. Depois de ter escrito do lado de fora do círculo tudo o que conseguir lembrar, e seus opostos do lado de dentro, recorte o círculo.

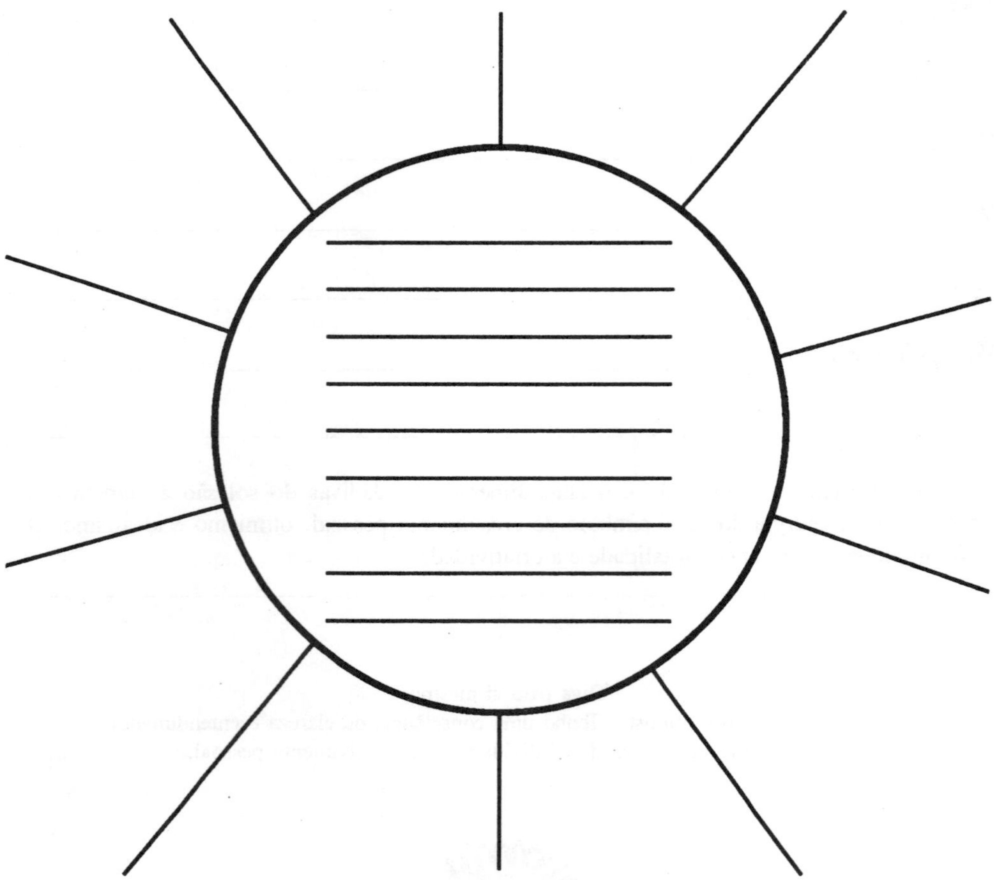

Você terá na mão um círculo contendo todas as qualidades que deseja. Os defeitos que relacionou do lado de fora são os que você acredita possuir. Seus opostos, do lado de dentro do círculo, são as qualidades que você aprecia.

Cole o círculo no espelho do seu banheiro e leia em voz alta o que está escrito dentro dele, começando com as palavras: "Eu sou..."

Contemplando...

A Bandeira e o Arco-íris

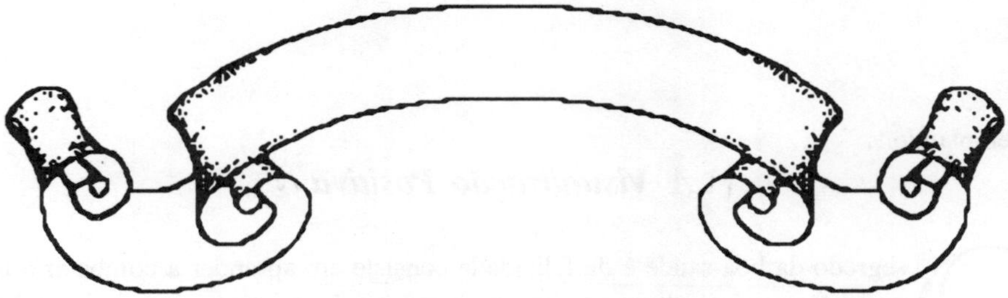

A criança sobre o cavalo branco leva uma bandeira na mão esquerda.

De que cor é a bandeira? ______________________________.

Há uma mensagem na bandeira. O que ela diz? ______________________________.

Há no céu um arco-íris contendo uma mensagem. O que ela diz? ______________________________

____

____.

A bandeira representa a vitória sobre a escuridão. A cor que você escolheu para a bandeira reflete os seus sentimentos quanto à natureza dessa vitória. (Consulte o seu simbolismo no índice cromático.) O arco-íris é um sinal de glória, felicidade e proteção que virão no futuro.

O sol representa a mente consciente. Quando ela desperta para os nossos motivos ocultos, podemos começar a corrigir e a mudar nossos hábitos e pensamentos negativos, transformando-os em positivos.

Contemplando...

A Visualização Positiva

O segredo da boa saúde e da felicidade consiste em aprender a combater a tensão ou as forças destrutivas (podemos chamá-las de má sorte, forças do mal ou de qualquer outra coisa) da vida. A visualização positiva é um dos meios mais eficazes de superar as programações mentais negativas. Experimente o seguinte exercício para criar programações mentais novas e positivas.

Descreva uma situação que o tem perturbado.

____ .

1. Medite até se sentir tranqüilo e relaxado.

2. Imagine a melhor solução possível para a situação que você descreveu. Deve ser uma solução que satisfaça os seus sonhos mais caros. Imagine essa solução com todos os detalhes; visualize toda a imagem, com você no meio. Demore-se nessa imagem por cinco ou dez minutos.

3. Agora, sempre que essa situação começar a perturbá-lo, visualize-se imediatamente na solução que sonhou, até que ela se torne tão familiar e real para você quanto o foi o problema.

Quando a solução que você visualizar se tornar a imagem predominante na sua mente, ela se transformará gradualmente em realidade, à medida que você avança na direção da sua meta.

Hino a Rá

Os antigos egípcios expressavam sua veneração ao sol por meio do hino a Rá – o deus do sol, símbolo da luz, da iluminação e do despertar espiritual.

Rá, o deus do sol.

Louvor a ti, ó Rá, quando te ergues como um deus. És adorado por mim quando teu esplendor está diante dos meus olhos e quando teus raios se derramam sobre o meu corpo. Diriges-te ao teu poente a bordo do teu barco com ventos favoráveis e teu coração está alegre; rejubila-se o coração do barco da manhã enquanto caminhas a passos largos pelos céus em paz; e todos os teus inimigos das trevas são derrubados. As estrelas que nunca descansam te entoam hinos de louvor que nunca deixam de te glorificar quando mergulhas para repousar no horizonte das montanhas do poente. Ó tu que és belo de manhã e à tarde. Salve, disco de raios de luz que nasces no horizonte dia após dia! Brilha com teus raios de luz sobre o mundo.

*O Livro Egípcio dos Mortos**

Relógio de sol egípcio.

Suprema Luz

Os raios do sol simbolizam a transmissão da energia divina para o mundo. Diz-se que essa energia circula continuamente através da porta do sol; Deus desce e a humanidade sobe através do umbral do Sol.

Dante descreve seus sentimentos de regozijo e veneração para com a luz, ou seja, o sol, ou iluminação espiritual, no seguinte poema.

* Publicado pela Editora Pensamento, São Paulo, 1985.

Ó Suprema Luz, que tanto sobrepujas
O entendimento humano!
Faze com que o meu próprio entendimento
Recorde agora como foi que a ele Te revelaste.
Sublima bem alto a minha voz,
Para que ao menos uma centelha da Tua glória
Eu possa legar às gerações futuras,
Pois ainda que um mínimo de lembranças
Me seja concedido, será suficiente
Para que os pósteros entendam melhor a Tua vitória,
Em meus versos celebrada!
Confio em que, pela agudeza do esplendor
Que então sofri,
Estaria perdido para sempre se os olhos
Houvesse naquele instante
Desviado de tão ardente lume.
Recordo-me, sim, que ao fixá-lo ganhei fortaleza tamanha
Que meus olhos, alfim, devassaram a Deus – a Suprema Perfeição!
Por Ti mesma auxiliado, ó Graça Altíssima,
Ousei fixar com meus olhos mortais
A Luz Eterna,
E ali fruí o divinal milagre![14]

O sol é o prato de Deus, o cálice inexaurível, abundante com a substância do sacrifício, cujo corpo é carne e cujo sangue é bebida.
Joseph Campbell
*The Hero with a Thousand Faces**

A Filha do Padeiro

Era uma vez um padeiro que tinha duas filhas. Embora gêmeas, eram extremamente diferentes uma da outra. Uma era alegre, generosa e afável, enquanto a outra era desconfiada, egoísta, gananciosa e rabugenta.

Numa noite fria em que o vento fustigava as ruas geladas, a irmã afável trabalhava na padaria do pai. Uma velha vestida de andrajos e sentindo muito frio entrou no local e perguntou à menina se ela poderia dar-lhe um pedacinho de massa de pão.

– Claro – respondeu a menina.

– E posso assá-lo no seu forno? – perguntou a velha.

– Claro – respondeu a menina.

* *O Herói de Mil Faces*, Editoras Cultrix/Pensamento, São Paulo, 1988.

A velha foi para um canto da loja e, sentando-se, cochilou enquanto o pão assava. A menina então a chamou:

– Levante-se, levante-se, minha senhora; sua massa dobrou de tamanho!

– E é assim que sempre será para você, minha criança, por causa do seu coração generoso – respondeu a velha, ao mesmo tempo que tirava o manto esfarrapado e se transformava de repente numa deslumbrante princesa. Ela tocou a menina com a varinha mágica e desapareceu a seguir. A partir desse dia, tudo o que a menina colocava no forno dobrava de tamanho.

O tempo passou. Numa noite fria de inverno, a filha rabugenta estava cuidando da padaria. Uma velha vestida de andrajos entrou na loja e perguntou à menina:

– Será que você pode me dar um pouco de massa de pão?

A menina não gostou da idéia de desperdiçar uma massa tão boa com uma velha mendiga mas finalmente acedeu, porque seu pai lhe dissera para não negar pão aos pobres.

– E você o assará para mim? – perguntou a velha.

– Está bem – concordou a menina, de má vontade.

A velha sentou-se num canto da loja e cochilou enquanto esperava o pão. Mas, quando a filha do padeiro viu que o pão dobrara de tamanho, resmungou para si mesma: "É muito pão para dar a uma velha mendiga", e separou a grande bisnaga para si. Tomou um pedaço de massa de pão ainda menor e colocou-o no forno para a velha.

Quando o pão ficou pronto, a menina abriu a porta do forno e descobriu que ele se tornara maior ainda do que a primeira bisnaga. "Não vou desperdiçar esta excelente bisnaga com essa mendiga suja", pensou, enquanto separava para si a nova bisnaga. Pegou então um pedaço de massa ainda menor e colocou-o no forno. Mas, quando o tirou de lá, verificou que a massa se transformara numa bisnaga grande e maravilhosa, cheia de frutas, nozes e especiarias.

"Isto é bom demais para uma velha mendiga!", pensou ela, e comeu sozinha toda a bisnaga. Então, acordou a velha e disse:

– Não há mais pão para você, sua bisnaga se queimou e não temos mais massa sobrando.

– Isto é tudo o que você tem a dizer? – perguntou a velha. A menina limitou-se a rir com desprezo e disse-lhe que saísse da padaria.

– Então é assim que as coisas sempre serão para você – retrucou a velha, que tirou o manto esfarrapado e se transformou numa deslumbrante princesa. Tocou a menina com a varinha mágica, e depois disso, por todo o sempre, tudo o que a menina punha no forno se queimava.

Esta fábula ilustra as conseqüências das escolhas que fazemos. A gêmea generosa pôde ver sua ventura duplicar-se, enquanto a egoísta nada recebeu em troca do seu egoísmo.

Uma Atitude Positiva

Muitas vezes a má sorte nada mais é que uma atitude negativa diante da vida. Nossas crenças determinam nossas experiências; nossas idéias e pensamentos são as sementes das nossas palavras e atos. A maneira como nos sentimos depende da nossa disposição de espírito, que por sua vez altera o modo como percebemos o mundo. Mesmo quando pensamos que estamos de fato reagindo ao modo como a vida nos está tratando, na verdade estamos apenas reagindo à maneira como nos sentimos em relação à vida.

Quando reagimos efetivamente aos estímulos externos, somos nós que determinamos aquilo a que iremos reagir e o modo como o faremos. Podemos, por exemplo, treinar-nos para reagir somente aos estímulos positivos e desprezar o resto. Em geral, contudo, fazemos exatamente o oposto. Concentramo-nos em cada indício que insinua que não somos suficientemente bons e esquecemos todos os nossos êxitos.

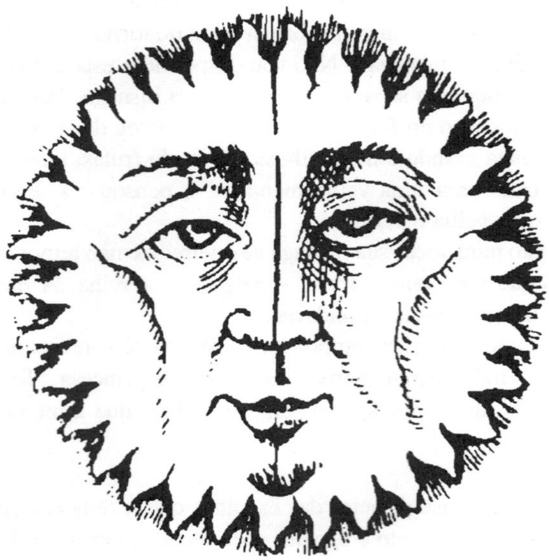

Quase todos nos acostumamos de tal modo à idéia de que não convém ser bem-sucedidos que bloqueamos as oportunidades e experiências positivas, estimulando apenas as negativas. Acostumamo-nos a esperar o negativo na vida e por isso interpretamos negativamente cada experiência. Isso só serve para reforçar as nossas expectativas negativas quanto às experiências futuras e assim giramos à volta de um ciclo derrotista que se autoperpetua, criando a nossa má sorte, como a gêmea egoísta da história.

Não obstante, temos escolhas. A desgraça é opcional, e não inevitável. Podemos alterar nossos insidiosos padrões mentais por meio de um novo treinamento.

Programação Mental Positiva

A programação mental positiva é mais ou menos como fazer uma dieta, salvo que na primeira você precisa tomar consciência dos pensamentos que nutre, e não dos alimentos que ingere. A reprogramação da mente requer que você tome consciência dos seus pensamentos, palavras e ações destrutivos. Para mudar sua forma de pensar, sempre que se pilhar tendo um pensamento negativo você o substitui imediatamente por um pensamento oposto, positivo. Tão logo uma palavra negativa começa a se formar na sua mente, você a substitui pelo termo oposto, positivo. Desse modo, você transforma cada ação destrutiva num ato positivo.

Embora isso possa parecer estranho no início, você logo adquire o hábito de pensar, de falar e de agir de modo positivo. Depois, como resultado de ter aprendido a controlar seus hábitos mentais, suas experiências potencialmente negativas podem ser transformadas em positivas, e o azar pode converter-se em sorte.

O sol e o leão representam a força e a coragem para dominar o demônio. As experiências negativas podem ser transformadas em positivas mediante o controle dos pensamentos negativos.

Como ser Bem-sucedido

Os sucessos que teremos no futuro assentam no nosso senso de confiança nos sucessos passados. Essa confiança nos infunde um estado de espírito graças ao qual o sucesso sobrevém automaticamente.

Por conseguinte, tudo o que precisamos fazer é ter em mente os sucessos passados e esquecer tudo o mais. Um fracasso só serve para nos ensinar a não fazer alguma coisa. Tendo aprendido essa lição, devemos esquecer o fracasso porque, se o carregarmos conosco, ele influenciará o nosso comportamento futuro.

Não podemos dar a nós mesmos a ordem consciente de ser bem-sucedidos, do mesmo modo que não podemos obrigar-nos a relaxar. No entanto, podemos tomar conscientemente a decisão de nos sentirmos bem-sucedidos. Podemos decidir que queremos ser física e mentalmente saudáveis, e alcançaremos essa meta predispondo nossa mente inconsciente para resultados positivos e bem-sucedidos.

O que acontece na mente afeta as reações do corpo. Desse modo, nossas ações, sentimentos e comportamentos resultam quase sempre do nosso estado mental. Se mudarmos as nossas imagens mentais, poderemos automaticamente alterar as nossas ações, sentimentos e comportamentos. Comportamo-nos de acordo com o que imaginamos. A chave para o sucesso consiste em controlar as imagens mentais. Tudo o que quisermos mudar há de começar com a nossa maneira de pensar.

Em geral, somos vítimas do hábito. Sempre esperamos que aconteça aquilo a que estamos acostumados. Entretanto, visto ser possível controlarmos as nossas imagens mentais por meio de simples exercícios, podemos, em conseqüência, controlar a nossa imaginação. Sempre determinamos o perfil da nossa vida segundo a forma das crenças que nutrimos a respeito de nós mesmos. Se mudarmos esse perfil, mudaremos a nós mesmos.

A hipnose é um exemplo do poder das imagens mentais. Sob hipnose, sua mente consciente pode ser informada de que você está segurando uma brasa e seus dedos poderão efetivamente ficar empolados, mesmo que você não esteja segurando nada. Por outro lado, os iogues indianos podem caminhar sobre brasas sem se queimar, porque aprenderam a controlar os seus processos mentais. A imagem mental pode ser mais forte do que o fato exterior.

Se conseguir imaginar-se como uma pessoa bem-sucedida, certamente você encontrará uma via de sucesso. Imagine-se com saúde, e seu corpo curará a si próprio. Imagine-se feliz, e feliz se sentirá. Você pode dirigir sua própria vida de momento em momento; você detém o controle do seu destino.

O segredo da boa saúde está em aprender a superar a tensão que nos predispõe à doença. O segredo da felicidade está em aprender a superar as forças negativas que nos predispõem à adversidade. Mudando de atitude, podemos mudar o nosso destino.

Como Desenvolver Padrões Positivos de Pensamento

Use um pequeno bloco para anotar todas as idéias, observações e ações negativas que você tenha ou faça durante o dia. Sempre que se pilhar dizendo, pensando ou fazendo algo negativo, escreva-o no seu bloco. Registre então, na coluna seguinte, a reação oposta.

Por exemplo,

Se se pilhar dizendo:	Mude suas palavras para:
Sinto muito, não posso me encontrar com você. . . .	Claro, vamos nos encontrar.
Estou ficando muito velho.	Estou numa ótima fase da minha vida.
Estou engordando demais.	Estou começando uma dieta e me sinto muito bem.
Não estou com vontade de trabalhar hoje.	Estou com excelente disposição para o trabalho.

É muito simples dizer "Não" ou "Não posso". Precisamos de mais energia para tentar do que desistir. Todos somos preguiçosos. Quando decidimos tentar, contudo, percebemos estar na posse de um novo tipo de energia. Se não dermos atenção às limitações do eu consciente, que habitualmente acredita sermos incapazes de fazer alguma coisa, podemos ultrapassar velhos limites e descobrir as nossas faculdades. Trata-se de desenvolver um novo tipo de fé, uma fé em nós mesmos e nas nossas capacidades, que estão muito além das nossas expectativas habituais.

A vida é um processo contínuo de crescimento, mudança e cura. A natureza tem uma maravilhosa capacidade de regeneração, e nós, pelo nosso lado, dispomos de poderes admiráveis para curar a nós mesmos. Isso não acontece conscientemente. Não impomos a nós mesmos o nosso crescimento ou mudança. O crescimento e a regeneração ocorrem inconscientemente, e de um modo mais adequado quando temos uma atitude positiva diante da vida e de nós mesmos.

Quando tomamos consciência dos nossos padrões de pensamento, podemos aprender a transformar pensamentos negativos em positivos.

[Hélio é o deus do sol que] perscruta todos os corações, o ser infalível a quem nem mortais nem imortais conseguem enganar, quer pela ação, quer pelos seus mais secretos pensamentos.

Píndaro

Nesta ilustração, a lua se encontra na sombra da Terra, ou a psique está no seu estado de depressão mais profundo. Este é o ponto no qual a nova personalidade, aqui representada pelo sol, pode nascer.

Revisão da 7ª Etapa

Na 7ª Etapa você encontrou a estrela, a lua e o sol. Eles lhe ofereceram mensagens a respeito do padrão de significado da sua vida e uma compreensão mais rica de quem você é e para onde está indo. São a fonte do seu renascimento, baseado na compreensão, no desenvolvimento e na aceitação de si mesmo. Faça por escrito um breve resumo dos aspectos mais importantes do seu renascimento.

Descreva os sentimentos e as intuições mais importantes que você obteve com relação ao seu renascimento.

8ª Etapa
A Transformação

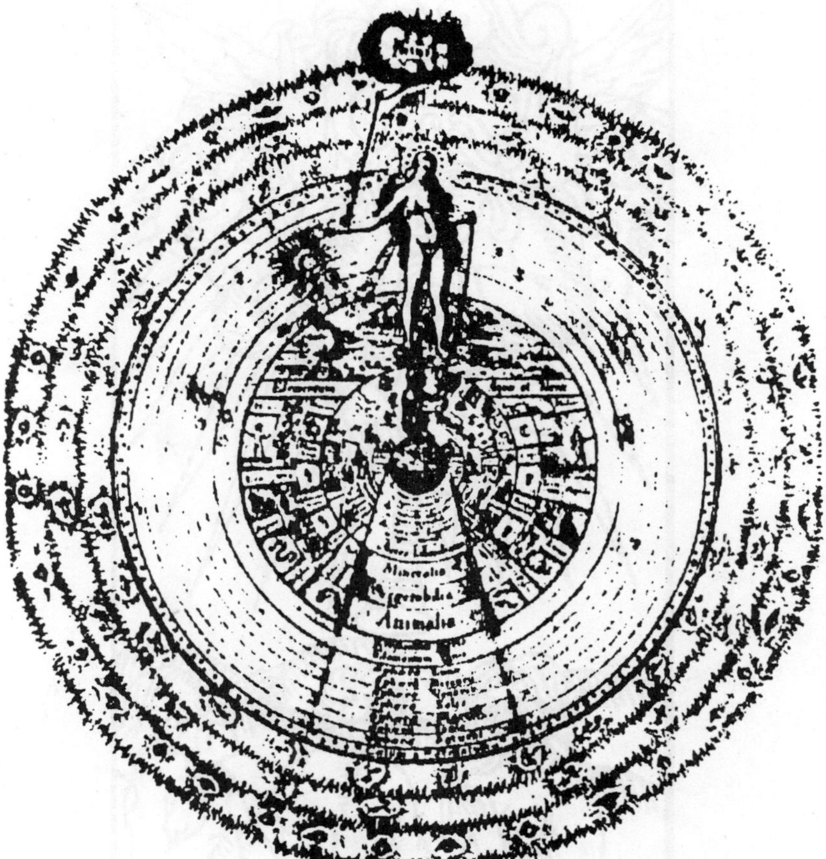

O herói completou um ciclo no processo de auto-realização que conduz à liberdade em relação aos temores e a todas as limitações, e à harmonia com a vida. Este é o evento final na realização do eu, que perdeu todas as ilusões de separação da vida. Este é o auge do processo pelo qual perdemos o eu a fim de encontrá-lo. Você alcançou uma consciência mitológica na qual o divino está ativo em meio a todas as coisas e eventos.

Capítulo 21
O Julgamento

O símbolo do Julgamento representa a regeneração da psique ou da alma. Depois de superar a morte do espírito, seremos capazes de passar por uma ressurreição psicológica.

Na figura abaixo, as pessoas são sobreviventes do raio que as atingiu quando estavam na Torre (ver capítulo 17).

Contemplando...

O Anjo do Julgamento

Um anjo tocando sua trombeta emerge de uma nuvem num céu de inverno. Em todo o mundo, homens, mulheres e crianças saem de seus túmulos e estendem os braços para o anjo.

Ao passar por uma experiência de redenção e de regeneração pessoal, você se vê inundado por profunda compreensão de si mesmo e da sua vida.

Você diz ao anjo:

Minha experiência de morte interior ocorreu quando ______________________

porque ______________________ .

Aprendi com ela que ______________________ .

E agora, para ressuscitar, eu tenho que ______________________ .

Agora eu posso ______________________ .

Tenho que ______________________ .

Compreendo que ______________________ .

No futuro, eu quero ______________________ .

Eu sou ______________________ .

O anjo representa o mensageiro que desperta em você uma nova percepção. Os anjos são os mensageiros de Deus, portadores da iluminação. O anjo anuncia o seu renascimento psíquico, uma ressurreição e uma renovada compreensão de si mesmo e de sua vida.

Você atingiu o platô. Agora está pronto para avançar, para descobrir um propósito mais elevado e um significado mais profundo.

Eis que vos digo um mistério. Nem todos dormiremos, mas transformados seremos todos,
num momento, num abrir e fechar de olhos, ao ressoar da última trombeta.
A trombeta soará, os mortos ressuscitarão incorruptíveis e nós seremos transformados.
Porque é necessário que esta natureza corruptível se revista da incorruptibilidade,
e que a natureza mortal se revista da imortalidade.
1 Cor. 15:51-53

Diga para si mesmo:
Respondo ao chamado do anjo e ao despertar da minha alma.
Tenho um novo senso de vida e de propósito.

A Mensagem

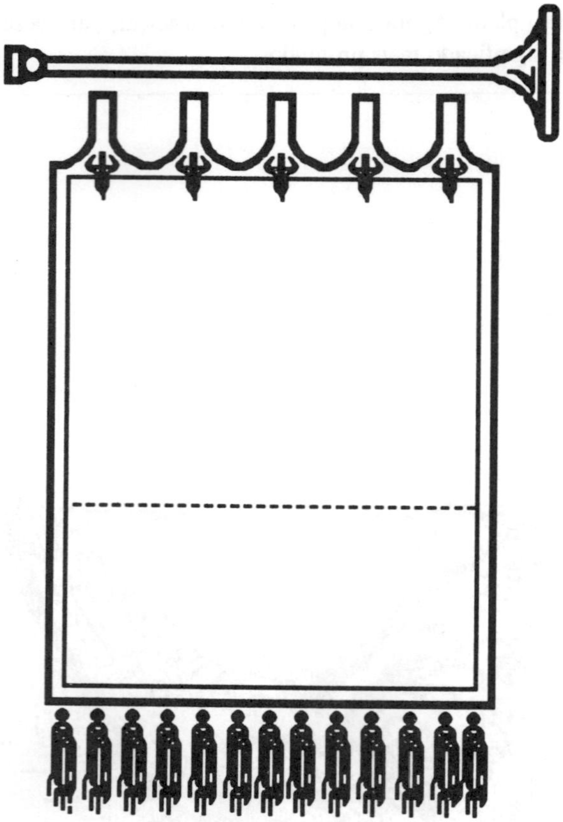

Escreva dentro da bandeira acima a palavra que melhor expresse a essência do seu senso pessoal de transformação.

Use essa palavra como mantra. Repita-a para si mesmo sempre que se sentir deprimido ou tiver dúvidas a respeito de si mesmo e do rumo da sua vida.

Vi o novo céu e a nova terra, pois o primeiro céu e a primeira terra passaram, e o mar já não existe. Vi também a cidade santa, a Nova Jerusalém, que descia do céu, da parte de Deus, ataviada como noiva adornada para o seu esposo. Então ouvi a grande voz vinda do trono, dizendo:
Eis o tabernáculo de Deus com os homens. Deus habitará com eles.
Eles serão povos de Deus e Deus estará com eles. E lhes enxugará dos olhos toda lágrima,
e a morte já não existirá, já não haverá luto, nem pranto, nem dor,
porque as primeiras coisas passaram.
Apoc. 21:1-4

Atingido pelo Raio

Diz Mircea Eliade que uma pessoa que tenha sobrevivido depois de ser atingida por um raio adquire uma nova sensibilidade, inatingível por meio da experiência comum. Com a destruição de todas as estruturas anteriores da sua vida, a pessoa é forçada a mudar. Passa a sentir não apenas que morreu e renasceu, mas também que nasceu num novo mundo, semelhante ao nosso mundo comum, mas acrescido de uma nova dimensão. No que respeita às idéias do xamã ou do curandeiro das culturas primitivas, essa experiência se expressa freqüentemente como a combustão da carne e a fragmentação do esqueleto.

Eliade conta a história do yakut, Bukes Ullejeen, que foi atingido por um raio e dispersado em mil fragmentos:

> Seu amigo correu até a aldeia mais próxima, onde encontrou vários homens, que voltaram com ele para recolher os restos mortais e enterrá-los. Ao chegarem ao local onde Bukes havia sido deixado, os homens o encontraram são e salvo. Disse-lhes ele: "O Deus do Trovão desceu do céu, cortou-me em pedacinhos e agora, de volta à vida como xamã, consigo ver tudo a uma distância de trinta verstas."[15]

Num instante, Bukes passara pela experiência iniciática do renascimento psíquico, que para quase todos exige um longo tempo, talvez toda uma vida.

O *Evangelho segundo São Tomé* alude a esse tipo de julgamento e renascimento que ocorre no interior da psique:

> Seus discípulos lhe disseram: "Quando virá o reino?" Jesus respondeu: "Ele não virá através da expectativa; eles não dirão: 'Vede aqui', ou 'Vede ali'. Mas o reino do Pai está espalhado sobre a terra, e os homens não o vêem."[16]

A Camponesa e o Juiz

Era uma vez dois camponeses. Um era próspero e o outro muito pobre. Trabalhavam juntos num campo quando encontraram uma xícara de ouro.

– É minha – disse um deles.

– Não, é minha – gritou o outro. Finalmente, os dois concordaram em recorrer a um juiz.

O juiz do condado era um homem jovem e um tanto ou quanto arrogante, novo na função. Confuso com o caso, decidiu testar os homens com enigmas. Quem apresentasse a melhor resposta ficaria com a xícara. Eis os enigmas propostos pelo juiz:

"Qual é a coisa mais rica do mundo?"

"Qual é a coisa mais pesada do mundo?"

"Qual é a coisa mais rápida do mundo?"

O camponês próspero foi para casa e conversou com a esposa a respeito dos enigmas.

– Ah, eu sei as respostas – disse a mulher. – A coisa mais rica do mundo é o rei, a coisa mais pesada é o ferro e a coisa mais rápida do mundo é nossa égua baia; ela pode correr mais rápido do que qualquer outro cavalo do país.

O outro camponês era um pobre viúvo que tinha uma filha carinhosa e inteligente chamada Manka. Foi para casa e relatou-lhe os enigmas. Ela disse:

– Diga ao juiz que a coisa mais rica é a terra, porque nos dá tudo o que precisamos neste mundo. A coisa mais pesada é a tristeza, que pesa em nossos corações. A coisa mais rápida é a mente, que é capaz de ir à China e voltar num piscar de olhos.

Quando os camponeses tornaram à presença do juiz, este ouviu as respostas e concedeu a xícara de ouro ao camponês pobre.

– Onde você encontrou essas respostas? – perguntou o juiz ao velho camponês.

Este retrucou:

– Manka, minha filha, que é muito sábia para a sua idade, instruiu-me sobre o que eu deveria dizer.

– Eu gostaria de conhecer essa filha – disse o juiz. – Por favor, peça-lhe para vir ver-me amanhã no tribunal.

No dia seguinte, quando Manka e seu pai chegaram ao tribunal, viram dois irmãos que divergiam quanto ao legado da terra de seu pai. Fosse qual fosse a partilha proposta, ambos argumentavam que sua parte não era justa.

O jovem juiz cumprimentou Manka e disse-lhe:

– Já que você é tão sábia, diga-me que decisão tomaria neste caso.

Manka respondeu:

– Faça com que um dos irmãos divida a propriedade e o outro possa escolher primeiro.

Os dois irmãos ficaram satisfeitos com a decisão e o caso foi encerrado.

O juiz sorriu para Manka, ao mesmo tempo que pensava que ela era tão bonita quanto inteligente.

– Eu gostaria de me casar com sua filha – disse ele ao velho camponês. Manka concordou em se casar com o jovem juiz, mas quando soube da decisão a família deste ficou muito aborrecida, porque Manka era uma pobre camponesa.

Finalmente, o juiz mandou dizer a Manka que se casaria com ela, mas só se ela fosse ao casamento nem nua nem vestida, nem cavalgando nem andando, nem com um presente de casamento nem sem um.

Ouvindo isso, o pai exclamou:

– Pobre Manka! Temo que você e o juiz não se casem.

– Não se preocupe, papai – disse Manka. – Irei ao mercado e encontrarei o que preciso.

Ao voltar, trazia ela uma rede de pesca com a qual envolveu o corpo, não ficando nem nua nem vestida. Arreou, então, o velho bode e o montou, pôs um pombo debaixo do braço e partiu. Enquanto viajava, os pés se lhe arrastavam pelo chão, de modo que ela nem cavalgava nem andava.

Quando o juiz veio ao seu encontro, ela lhe entregou o pombo, que voou tão logo ele estendeu a mão para pegá-lo.

– Eis o seu presente de casamento – disse ela.

O juiz riu e disse para Manka:

– Você fez o que lhe pedi e será minha esposa. Mas prometa jamais interferir nos meus julgamentos no tribunal.

E assim Manka e o juiz se casaram. Logo depois, dois camponeses vieram ao tribunal para resolver um litígio. Estavam levando suas mercadorias ao mercado quando a égua de um deles deu à luz um potrinho debaixo da carroça do outro. Ambos se declaravam donos do potro. O juiz decidiu que o potro deveria pertencer ao homem debaixo de cuja carroça ele havia nascido, dizendo:

– Onde o animal nasceu, ali deve ficar.

O dono da égua sentiu-se muito infeliz. Procurou Manka, pois ouvira dizer que ela era muito sábia e justa. A princípio, ela se recusou a interferir, mas por fim concordou em ajudá-lo, desde que ele prometesse nada dizer a respeito.

No dia seguinte, atendendo às instruções de Manka, o camponês levou um balde de água e uma vara de pescar para a estrada onde o juiz iria passar a caminho do tribunal. Quando viu o camponês, o juiz perguntou-lhe:

– O que você está fazendo com uma vara de pescar no meio da estrada?

– Estou pescando – respondeu o camponês.

– Mas você não pode pescar peixes num balde de água na estrada – disse o juiz.

– Bem, a probabilidade de eu pescar um peixe num balde é a mesma de uma carroça dar à luz um potro – replicou ele.

O juiz concordou que errara em sua decisão.

– Pode retomar o seu potro – disse ele. Mas primeiro obrigou o camponês a lhe dizer quem o havia ajudado. O camponês confessou que fora Manka.

O juiz ficou furioso com sua mulher. Disse-lhe que ela devia voltar para a casa do pai dela, uma vez que quebrara a promessa que fizera. Ela concordou, mas perguntou-lhe se poderia levar consigo o que mais amava na casa. O juiz respondeu que ela poderia levar o que quisesse.

Manka disse ao marido que lhe serviria um último jantar antes de partir. Enquanto preparava a refeição, Manka colocou um sonífero na comida do juiz. Depois, enquanto este dormia, ordenou aos servos que o conduzissem à casa do pai dela e o pusessem na cama.

Na manhã seguinte, quando acordou, o juiz não sabia onde estava. Deu um grito e Manka entrou no quartinho onde ele dormira.

– Você me disse que eu poderia levar o que mais amava na casa, por isso eu trouxe você – ela disse.

O juiz riu, abraçou-a e disse:

– Manka, você é mais sábia do que eu. De hoje em diante, sentaremos no tribunal e faremos os julgamentos juntos.

Na história da camponesa e do juiz, os pensamentos e os sentimentos humanos são considerados mais valiosos do que os bens materiais, e a sabedoria engenhosa e não-literal da jovem (ou do eu interior) é mais íntegra do que os pronunciamentos textuais do juiz. Justamente quando tudo parece perdido, essa sabedoria intuitiva pode nos ajudar a transpor as barreiras e conduzir-nos a soluções criativas e a novas esferas de oportunidade.

Reflexões...

A Definição de Metas

Vamos para onde sonhamos ir. E a melhor maneira de irmos numa direção que nos proporcionará felicidade e satisfação é tornar nossos sonhos reais, transformando-os em metas. Se acreditarmos em nós mesmos e nas nossas metas, poderemos concretizar qualquer coisa que nos propusermos fazer.

Precisamos, é claro, estar dispostos a assumir a responsabilidade por todo o trabalho envolvido na realização das nossas metas. Precisamos ter o autocontrole e a autodisciplina necessários à execução da tarefa que viabiliza a realização dos nossos sonhos. Mas é ao definir as nossas metas que preparamos o terreno para o esforço que transforma nossos sonhos em realidade.

Quando definimos as nossas metas, a vida toma forma de repente e torna-se significativa. A perspectiva de realizarmos as nossas metas confere-nos um senso de entusiasmo e direção.

Quando não temos metas, sentimos muitas vezes que a vida nos foge ao controle e que somos forçados a aceitar qualquer coisa que apareça no nosso caminho. Sentimo-nos, então, desapontados e desgostosos com a nossa sina. Para consolar-nos, podemos comer demais, beber, fumar e passar o tempo à procura de sensações fortes que nos aliviem a frustração. Ou então podemos passar o tempo em busca de uma outra pessoa a quem possamos atribuir a culpa dos nossos fracassos. Por isso, sentimos que não estamos indo a lugar nenhum, e assim tomamos mais um drinque, engolimos mais pílula ou comemos mais um doce, e o ciclo recomeça.

Esse ciclo negativo só se rompe quando conseguimos descobrir nossas verdadeiras metas, aquelas que vêm de dentro de nós. Essas metas não se destinam a beneficiar outras pessoas, a impressionar os amigos ou a granjear-lhes inveja, admiração ou respeito. Para que nos possamos proporcionar uma satisfação pessoal, nossas metas devem ser pessoais; devem ser importantes para nós, independentemente do que as outras pessoas pensam. Comprar um barco ou um avião, por exemplo, pode parecer uma boa meta, mas estes não passam de coisas materiais do mundo exterior. Não têm verdadeira importância ou significado no mundo interior.

É ao descobrir e perseguir nossas metas interiores que logramos a verdadeira satisfação e a auto-realização. Nesse processo, talvez sejamos capazes de atingir também nossas metas materiais.

Às vezes pode parecer tentador deixar que o futuro seja decidido pela sorte ou pelo acaso, mas o acaso aleatório de modo nenhum pode nos levar aonde queremos ir. Somente as nossas metas interiores são capazes de conduzir-nos ao nosso verdadeiro caminho. Quando o encontramos, esse caminho proporciona a cada experiência que tivermos um senso de satisfação e significado.

Quase todos nós funcionamos apenas com uma pequena parte da nossa capacidade de viver uma vida rica, afetuosa, carinhosa, plena e criativa. Concretizar o nosso potencial pode tornar-se a aventura mais estimulante da vida.

Podemos fazer descobertas a respeito de nós mesmos e dos nossos sonhos simplesmente voltando-nos para o nosso interior, onde descobriremos a verdadeira natureza dos nossos sentimentos e desejos. Quando olhamos para dentro de nós, adquirimos a coragem e a fé de que precisamos para trilhar o nosso verdadeiro caminho. Quando vemos claramente nossas metas interiores, podemos avançar na direção delas; e, ao atingi-las, seremos totalmente renovados.

A mudança e o desenvolvimento ocorrem quando a pessoa se arrisca e ousa dedicar-se a fazer experiências com a própria vida.
Herbert Otto

O anjo é o mensageiro de Deus, o símbolo da iluminação.

Defina Suas Metas para Alcançar Seus Objetivos na Vida

1. Medite pelo menos durante dez minutos.

2. Num estado de relaxamento físico e mental, coloque-se numa disposição de espírito positiva, dizendo para si mesmo: "Acredito que todas as coisas são possíveis."

Examine o diagrama abaixo. Na primeira coluna, relacione quatro coisas da sua vida atual que você acredita devam ser melhoradas. Na segunda coluna, descreva como cada item relacionado deverá estar mudado em três meses. Na terceira coluna, mostre como a situação deverá ter melhorado no período de um ano. Na quarta coluna, relacione as mudanças que deverão ocorrer num prazo de três anos. Na última coluna, descreva a solução final para o problema, um resultado que o satisfaria plenamente.

Isso lhe fornecerá um mapa para o seu futuro. Consulte-o sempre que se sentir desencorajado ou confuso a respeito dos seus objetivos.

1 Coisas na minha vida que devem ser melhoradas agora	2 Melhoras a serem efetuadas nos próximos três meses	3 Melhoras a serem feitas no próximo ano	4 Melhoras para os próximos três anos	5 Resultado final ideal

Capítulo 22
O Mundo

A imagem do mundo representa o eu realizado no qual as forças opostas da ciência e da magia, do espírito e da carne, da mãe e do pai, se unem num único ser. O consciente e o inconsciente, o instinto e o espírito, todos fluem em conjunto.

A figura abaixo retrata a dança da vida, na qual todos esses elementos se alteram e se fundem constantemente no caleidoscópio da existência.

Contemplando...

A Dança do Mundo

Só se vive realmente quando se dança.
Isadora Duncan

A mulher que está dançando a quadrilha do círculo lhe diz:

Eu danço a dança da vida, o ponto central e a origem do cosmos.

Quero mostrar-lhe ____.

Posso ajudá-lo ____.

Vou dizer-lhe ____.

Vou dar-lhe ____.

Ela o convida a participar da dança. Enquanto você rodopia e desliza, ela diz:

Você é ____.

Você tem ____.

Existe uma força vital, uma energia que se traduz em ação através de você.
E, como só existe um único você em todos os tempos, essa expressão é única...
Não cabe a você determinar quão boa ela é, nem quão valiosa, nem tampouco
como pode ser comparada a outras expressões. Cabe a você conservá-la
clara e diretamente sua, para manter o canal aberto.
Martha Graham

A dançarina é a fundação, a origem. É a mãe natureza. A dança representa a complexidade da natureza. Na dança você se liberta das suas limitações e assume o controle de cada aspecto da sua vida.

Suas respostas indicam suas áreas de crescimento e seus talentos. O que a dançarina lhe mostra e lhe diz? Considere o que ela lhe dá. Sua resposta a "Você é" indica seus atributos, e a "Você tem", os seus talentos.

Esta ilustração representa o mundo em função da mãe como criadora.

Diga para si mesmo:
Sou filho do universo. Estou seguro e certo do meu lugar no plano das coisas.
Todas as minhas necessidades são atendidas.

Contemplando...

Enquadrando o Círculo

Faça um desenho usando o círculo abaixo.

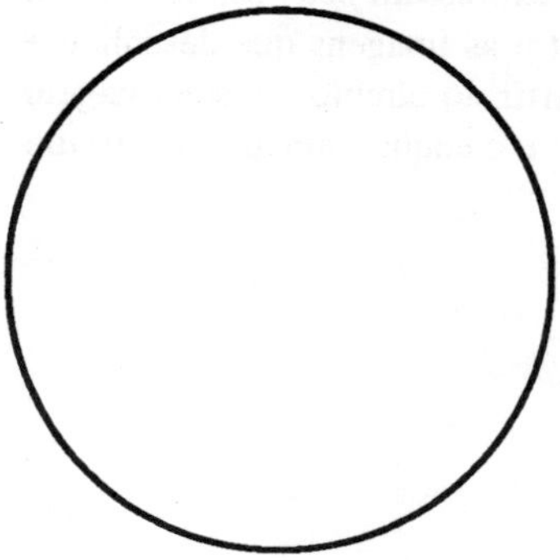

Qual é o título do seu desenho?

____.

Como você se sente a respeito do objeto que desenhou?

____.

Faça um desenho usando o quadrado abaixo.

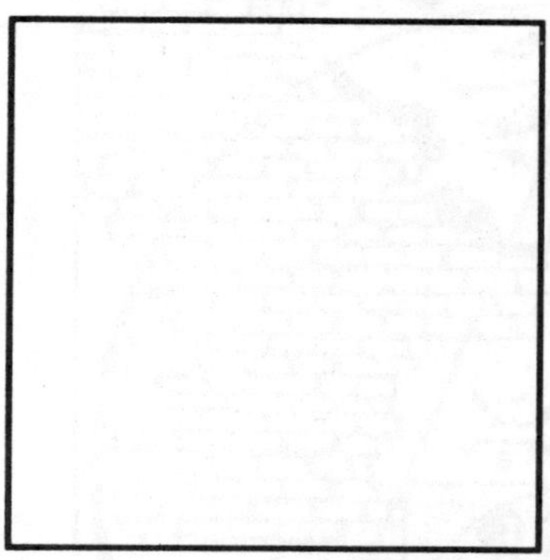

Qual é o título do seu desenho?

____.

Como você se sente a respeito do objeto que desenhou?

____.

Faça um desenho usando o círculo e o quadrado abaixo.

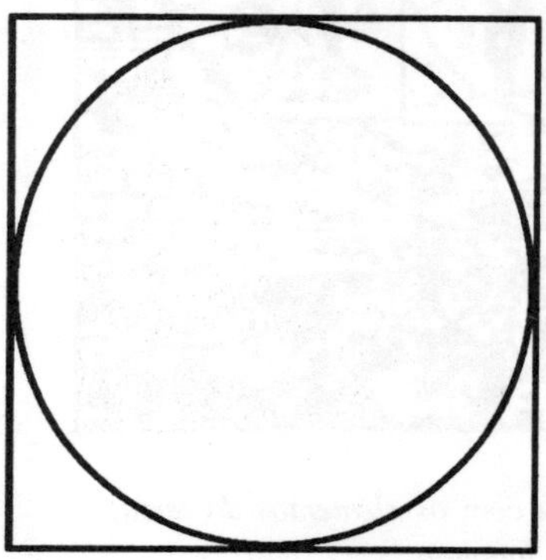

Qual é o título do seu desenho?

____.

Como você se sente a respeito do objeto que desenhou?

____.

O círculo representa a totalidade e a eternidade. É a plenitude e a realização. O quadrado representa a esfera terrestre. Cada ângulo simboliza um dos quatro elementos materiais: a terra, o ar, o fogo e a água.

Enquadrar o círculo significa unir o celeste ao terreno, ou trazer o céu à terra; representa o encontro do sagrado na experiência humana.

Os desenhos que você criou a partir dessas formas expressam seus sentimentos a respeito delas. Veja se consegue descobrir uma relação entre as imagens que desenhou e os seus sentimentos pessoais. O desenho que você fez a partir do círculo é a sua imagem da totalidade; o desenho do quadrado é o seu lado material; e o enquadramento do círculo é a sua imagem do sagrado na sua vida cotidiana.

Enquadrar o círculo significa unificar os elementos do céu com os elementos da terra, ou descobrir o sagrado na experiência humana.

As Maravilhas do Universo

No último canto de *A Divina Comédia*, Dante expressa sua idéia da maravilha do universo resultante da união dos opostos.

Internado que fui em tão ardente foco, vi, no
Centro, unido pelo amor em um único ser tudo
Quanto contém o Universo. Substâncias,
Acidentes e atributos, fundidos por um sopro
Vivificador, ali se apresentavam por forma
Tão gloriosa que de sua grandeza tudo quanto
Digo é apenas idéia muito pálida. Creio
Haver divisado, naquele estreito nó, a
Inteira forma universal, pois tanto mais
Sinto meu ser inundado de alegria quanto
Mais de tal maravilha falo! Um só instante
De tempo decorrido depois daquela visão
Parece-me equivaler a esquecimento maior
Do que os vinte e cinco séculos calados
Sobre o feito dos Argonautas, epopéia que
Impressionou ao próprio Netuno.

Assim a minha mente esteve presa, absorta,
Fixa, imóvel, imersa, sempre mais afoita
Na sublime contemplação. Retirar de tal
Luz, que tanto me atraía, os pobres olhos
Meus, para outro prodígio endereçá-los,
Fora para mim impossibilidade cabal, pois
O Bem que é objeto da vontade humana
Estava diante da minha vontade, sendo n'Ele
Tudo perfeito, e tudo imperfeito fora d'Ele.

Daqui por diante, mais omisso será o meu
Narrar e mais confuso o meu dizer do que
O balbuciar de infante que tem os lábios
Presos ao seio maternal. Não que houvesse
Mudado o semblante aquela Luz sublime que
Eu seguia vivamente contemplando. O mesmo
Era qual antes fora. À medida, porém, que
Minha vista se apurava, o Egrégio Ser parecia
Ganhar aspectos variados. Na profunda e
Clara essência de Deus, três círculos surgiram
Que me pareceram de três cores distintas,
Mas de igual conformação. Semelhando íris
Que de íris fosse reflexo, acreditei que

De ambos, por modo igual, derivava a flama
Do terceiro. Oh! Como é pobre a expressão
Humana para descrever o que vi! Toda ela,
A mais alta, não bastaria para reproduzir
O mínimo que eu pretendesse referir. Ó
Lume Eterno, que em Ti próprio tens sede,
Só Tu a Ti mesmo entendes e por Ti és entendido,
E amas e Te comprazes nesse entendimento!

Aqueles três círculos que pareciam por
Ti gerados, qual luz reflexa, estava eu
Então a contemplar extático, e eis que
Me pareceu vê-la (a luz) assumir forma
E cor da figura humana, detalhe que me
Fez mais atentamente fixá-la. Qual geômetra
Que todo se concentra em medir o círculo,
Na vã procura de princípio que ao seu
Propósito melhor convenha, assim sucedeu
Comigo ante o fato novo; ansiava por ver
Como pode a imagem humana adaptar-se ao
Círculo. A tão alta compreensão não me
Conduziram as asas da minha mente; todavia,
Eis que fulgor divino veio sacudir-me e
Saciar o meu desejo de tal verdade penetrar.

Neste ponto faltou alento à minha inspiração.
Mas já então Deus dominava minha vontade,
Fazendo-a conforme ao seu Amor, qual roda
Obediente ao mando do motor –
Amor que move o Sol e as mais estrelas.[17]

Na árvore do conhecimento, os ramos são o sol, a lua e os planetas.
Acima, o triângulo superior representa a alma, o espírito e o corpo do universo.
O triângulo abaixo está invertido, representando a essência trina do homem.

Contemplando...

A Árvore da Vida

Imagine que enterra profundamente os seus dedos em solo fértil; suas raízes são fortes e elas o alimentam. Você cresce e suas grandes raízes se espalham debaixo da superfície do solo. Você estende amplamente seus ramos maravilhosos buscando o sol, e se deleita com o alimento que recebe da terra e do sol enquanto se expande em direção ao céu.

Graças à generosidade nutritiva da terra e à poderosa energia do sol, você produz um fruto magnífico.

Esse fruto é ____

para ____

e com ele você ____ .

As sementes desse fruto serão _________________________________ .

A árvore também costuma ser associada à Grande Mãe.

A árvore, neste exercício, é a sua síntese interior do céu e da terra, das faculdades conscientes e subconscientes. O fruto é a culminância de um estado, o aqui-e-agora, e as sementes do estado seguinte, o futuro. Este exercício indicará a direção em que você está se desenvolvendo.

A árvore representa todo o mundo. Suas raízes crescem na terra ou no mundo subterrâneo, extraindo suas águas a fim de usar seus poderes. O tronco cresce nas esferas do tempo. Os galhos se estendem para fora representando o mundo da forma. Eles crescem em direção ao céu, buscando os domínios do divino.

A Árvore da Vida

A árvore tem sido parte dos mitos, das lendas e do folclore das culturas de todo o mundo através da história. No antigo Egito, o sicômoro representava a eterna renovação do mundo que sucede à morte. Os carvalhos eram considerados as primeiras mães pelos antigos gregos e romanos, que acreditavam que essas árvores geraram as primeiras pessoas. Na mitologia grega, Adônis, o deus da vegetação, nasceu do tronco de uma mirra. Dafne transformou-se em loureiro para fugir do deus Apolo.

A antiga árvore egípcia celestial simboliza a perpétua renovação do mundo que sucede à morte.

Os hindus veneram a árvore bânia. Buda sentou-se debaixo da árvore da iluminação, a árvore *bhodi*, que representa a perpétua regeneração do cosmos a partir de uma única fonte transcendente. Diz-se que Maomé ascendeu ao paraíso, através das sete esferas planetárias, por meio de uma árvore. Tanto Cristo quanto Buda subiram ao céu pelo centro simbólico do mundo, ou a Árvore da Vida. E em muitas culturas tribais o xamã sobe numa árvore mística simbólica para alcançar o divino.

No Ioga Kundalini, a coluna vertebral do ser humano é denominada árvore espinhal, na qual a serpente Kundalini é persuadida a subir, introduzindo-se nos vários centros espirituais, ou *chakras*, durante o caminho, até ser libertada pelo lótus de mil pétalas no alto da cabeça.

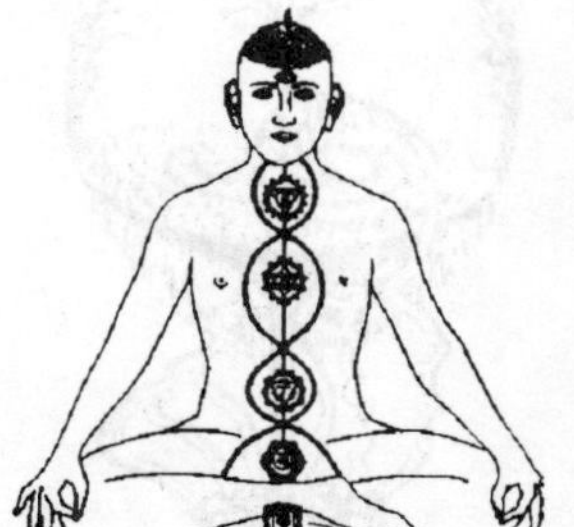

No Ioga Kundalini, a coluna vertebral é a axis mundi, *ou árvore espinhal no centro do universo.*

Na Bíblia, a cruz onde Cristo morreu era simbolicamente associada à Árvore da Vida, que crescia no Jardim do Éden e procriava a vida eterna. No judaísmo, a Árvore da Vida é quase sempre representada pela amendoeira em flor, que no Oriente Próximo anuncia a primavera com suas flores brancas e perfumadas. Moisés recebeu instruções para fazer as taças, os capitéis e as flores do candelabro de sete braços, o menorá, segundo o modelo da amendoeira.

O menorá está associado, assim na estrutura como no simbolismo, ao modelo da árvore sagrada no antigo Oriente Próximo.

A Árvore no Centro do Universo

No mundo antigo, a árvore era venerada como o *axis mundi*, o centro do universo. Para os antigos, a árvore parecia unir as três esferas – o mundo subterrâneo, a terra e os domínios do divino – e permitia a comunicação entre os três. A árvore representava o centro do universo, o ponto ao redor do qual o mundo gira.

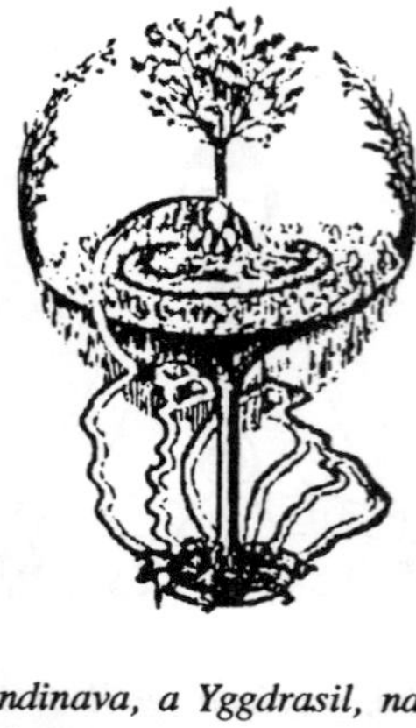

Esta Árvore da Vida escandinava, a Yggdrasil, nasce no mundo subterrâneo, atravessa o mundo dos homens e entra depois nos domínios dos deuses.

Em todo o mundo, a árvore representa a árvore sagrada ou a árvore cósmica. Os alquimistas chamavam-lhe Árvore da Vida, da qual, dizia-se, nascera o próprio universo. Ao longo dos tempos, esta tem sido uma imagem da perpétua renovação do cosmos a partir de um único ponto; diz-se que o poder irradia-se por todo o mundo a partir do centro cósmico do universo. A árvore ergue-se no centro do mundo como símbolo do processo de iluminação e transformação.

Esta árvore, vasta como os céus, ascendeu da terra ao céu. É um crescimento imortal e se eleva entre o céu e a terra. É o sustentáculo de todas as coisas e o lugar onde todas elas descansam. É a fundação do mundo esférico, o centro do cosmos. Nela todas as diversidades da nossa natureza humana se fundem numa unidade. Ela se mantém unida pelos pregos invisíveis do espírito a fim de não se separar no divino. Ela toca os picos mais elevados do céu, torna à terra firme debaixo do seu pé e abraça as regiões intermediárias entre eles com braços imensuráveis.

Hipólito, Bispo de Roma

A serpente sobe pela árvore do mundo, situada entre o sol e a lua.
A árvore simboliza o centro do mundo.

A imagem do mundo representa a conclusão. No seu papel de herói, você agora completou a sua busca. Você empreendeu a jornada sagrada da alma através do ciclo da vida. Neste momento você está fora do ciclo e dessa perspectiva pode vislumbrar seu verdadeiro eu. Por um breve instante, a psique está livre do mundo prático, material e egocêntrico. Neste momento, você pode estar em harmonia com o cosmos e em paz consigo mesmo.

Revisão da 8ª Etapa

Na 8ª Etapa, você alcançou o ponto de transformação, a culminância da sua peregrinação, através dos seus temores e limitações, rumo à auto-realização. Agora você está completo e em harmonia com toda a vida. Faça por escrito um breve resumo da sua transformação.

Faça uma síntese dos sentimentos e das intuições mais importantes que obteve da sua jornada ao longo da sua senda.

O herói completou sua busca e por um breve momento é retirado do ciclo da vida para entrever seu verdadeiro eu, sua divindade inerente.

Parabéns, você chegou!

Sua senda levou-o do nascimento e da iniciação até os mistérios existentes dentro de você, usando símbolos suscetíveis de revelar as verdades interiores. Você teve um vislumbre da atividade interior, onde existe poder e sabedoria. Empreendeu a busca de seu verdadeiro eu através da adversidade e da mais negra noite do Diabo.

Você sobreviveu ao ataque dos seus mais implacáveis demônios e eles foram domados. Você encerrou a jornada mais forte e mais sábio, mais equilibrado com as forças internas e externas que o tornam quem você é. Assim, sua jornada levou-o além da Torre e através da floresta, ao longo do rio e na direção do oceano da sua mente, onde todas as suas perguntas começam e todas as suas respostas aguardam para ser descobertas.

Dedique um momento para contemplar a sua vida a partir dessa perspectiva calma e desapegada; acalme sua mente e saboreie esse vislumbre de autoconhecimento. Porque neste instante você sabe quem você é; está verdadeiramente vivo e em harmonia consigo mesmo.

Capte este momento de visão; encontre uma imagem que represente esse senso de autocompreensão e conserve-a consigo.

Cada vez que fizer essa peregrinação nas profundas águas cósmicas da psique para enfrentar os seus demônios, você será capaz de ir mais longe na busca da inspiração divina. Lembre-se de que a verdadeira senda está no centro, onde as polaridades se equilibram e a união dos opostos cria uma totalidade. É nesse equilíbrio que você encontrará sabedoria e compreensão para guiá-lo na jornada através da vida.

Índice Cromático

As cores que você escolhe para representar símbolos particulares representam uma outra maneira de indicar como você se sente em relação a esses símbolos, e por isso elas podem proporcionar informações adicionais a seu próprio respeito. Se você for uma pessoa muito visual e a cor representar um veículo importante para você, talvez você queira usar canetas hidrocor ou lápis de cor para colorir as figuras das cartas do Tarô apresentadas no início de cada capítulo. Além disso, talvez você queira colorir qualquer imagem que lhe pareça particularmente importante. Você poderá então verificar o significado das cores que escolheu para descobrir mais a respeito dos seus sentimentos.

Deus na qualidade de luz é freqüentemente considerado como a fonte da cor. As cores quentes, como o laranja, o amarelo e o vermelho, fornecem luz preta. As cores frias, como o azul e o violeta, absorvem a luz. O verde é a síntese dos dois lados da tabela de cores.

Amarelo – O amarelo-claro representa intuição, fé e bondade. O amarelo-escuro representa traição, ciúme e deslealdade.

Azul – Verdade, intelecto, sabedoria, lealdade, fidelidade, prudência, piedade, paz, clareza e intuição. O azul-celeste é a cor da Grande Mãe e da Virgem Maria.

Branco – Perfeição, transcendência, luz, sol, iluminação, pureza, castidade, inocência, o sagrado. O branco representa tanto a vida quanto a morte, uma vez que simboliza a morte do velho e o nascimento do novo.

Cinza – Humildade e penitência, a cor da mágoa e da depressão. O cinza também é a cor da morte do corpo e da imortalidade da alma. Representa a inércia, a indiferença e a neutralização.

Dourado – O poder do divino, o sol, a iluminação, a imortalidade, Deus como luz, glória e radiância.

Laranja – Luxo, orgulho, egoísmo, ambição e energia. O laranja está associado às chamas e ao fogo.

Marrom – Renúncia, penitência; a terra.

Prateado – A lua, o princípio feminino e a virgindade.

Preto – Escuridão, caos, mal, morte, desespero, destruição, a descida ao inferno e, portanto, a ausência da cor, o primeiro estágio do renascimento.

Roxo – Realeza, poder, orgulho, verdade, justiça e temperança. O roxo é a cor da soberania majestosa e da espiritualidade.

Verde – Formado pelo azul e pelo amarelo, o verde simboliza o céu e a terra, a esperança e a renovação da vida, ressurreição, alegria, confiança, abundância, crescimento, fertilidade, prosperidade e paz. Posteriormente, a cor verde se transformará em dourado, como na alquimia, o símbolo do milho maduro se transforma de verde em dourado. O verde é a cor dos dois amantes. É também a cor da adaptabilidade e da simpatia.

Vermelho – Os deuses do sol e da guerra, o princípio ativo masculino, o fogo, realeza, paixão e força. O vermelho também é a cor da raiva, da vingança e da morte. Dependendo do contexto, também pode representar o nascimento, a mãe e o sangue.

Violeta – Inteligência, conhecimento, memória e nostalgia. Pode ser associado ao pesar, à mágoa da velhice e à tristeza. Violeta também é a cor da devoção religiosa e da espiritualidade, da santidade, da humildade, da penitência e da temperança.

Referências

1. Mircea Eliade, *Myths, Dreams and Mysteries* (Nova York: Harper and Row, 1957), p. 244.
2. *Ibid.*
3. *Ibid.*, pp. 89-90.
4. Joseph Campbell, *The Hero with a Thousand Faces* (Princeton, N.J.: Princeton/Bollingen, 1973), p. 3. [*O Herói de Mil Faces*, Editoras Cultrix/Pensamento, São Paulo, 1988.]
5. Pierre Grimal, org. *Larousse World Mythology* (Secaucus, N.J.: Chartwell Books, 1965), p. 10.
6. Adaptado do *The Penguin Dictionary of Saints*, de Donald Attwater (Baltimore: Penguin Books, 1965), p. 201.
7. A. Vasiliev, *The History of the Byzantine Empire*, Vol. 2 (Madison e Milwaukee: University of Wisconsin Press, 1964), p. 653.
8. Hans Jonas, *The Gnostic Religion* (Boston: Beacon Press, 1958), pp. 89-90.
9. Eliade, *Myths, Dreams and Mysteries*, p. 183.
10. *Ibid.*, p. 184.
11. Campbell, *The Hero with a Thousand Faces*, p. 11. [*O Herói de Mil Faces*, Editoras Cultrix/Pensamento, São Paulo, 1988.]
12. Dante, *The Divine Comedy*. [*A Divina Comédia*, Editora Cultrix, São Paulo, 1965.]
13. Mircea Eliade, *Patterns in Comparative Religion* (Cleveland: World Publishing Co., 1958), p. 154.
14. Dante, *The Divine Comedy*.
15. Eliade, *Myths, Dreams and Mysteries*, p. 82.
16. A. Guilaumont *et al.*, *The Gospel According to Thomas* (Nova York: Harper and Brothers, 1959), p. vi.
17. Dante, *The Divine Comedy*.

Bibliografia

Benson, Herbert, M. D. *The Relaxation Response*. Avon Books, Nova York, 1975.

Boas, Franz. *Race, Language and Culture*. Free Press, Nova York, 1940.

Brown, Barbara. *New Mind, New Body*. Bantam Books, Nova York, 1974.

Butler, W. E. *Magic and the Qabalah*. Aquarian Press, Londres, 1964.

Cade, C. Maxwell, e Nona Coxhead. *The Awakened Mind*. Delta Books, Dell Publishing, Nova York, 1974.

Campbell, Joseph. *The Flight of the Wild Gander: Explorations in the Mythological Dimension*. Viking, Nova York, 1969.

_____. *The Hero with a Thousand Faces*. Bollingen Series XVII, Princeton University Press, Princeton, N. J., 1973. [*O Herói de Mil Faces*, Editoras Cultrix/Pensamento, São Paulo, 1988.]

_____. *The Masks of God*. 4 vols. Viking Compass Books, Nova York, 1970.

_____. *Myths to Live By*. Bantam Books, Nova York, 1972.

Dante. *The Divine Comedy*. Lawrence White, trad. Parthenon Books, Nova York, 1978. [*A Divina Comédia*, Editora Cultrix, São Paulo, 1965.]

De Laurence, L. W. *The Illustrated Key to the Tarot*. De Laurence, Scott and Company, Chicago, 1918.

de Sousa, Herbert A. *Six Simple Steps to Meditation*. Loyola University, Los Angeles, 1979.

Doane, Doris Chase, e King Keys. *Tarot Card Spread Reader*. Parker Publishing, West Nyack, N. Y., 1967. [*O Tarô do Antigo Egito*, Editora Pensamento, São Paulo, 1991.]

Edinger, Edward. *Ego and Archetype*. Pelican Books, Baltimore, 1972. [*Ego e Arquétipo*, Editora Cultrix, São Paulo, 1989.]

Eliade, Mircea. *Myths, Dreams and Mysteries*. Harper and Row, Nova York, 1957.

_____. *Patterns in Comparative Religion*. Meridian Books, World Publishing, Cleveland, 1968.

_____. *The Myth of the Eternal Return*. W. R. Trask, trad. Pantheon, Nova York, 1954.

Fabry, Joseph. *The Pursuit of Meaning*. Harper and Row, Nova York, 1968.

Ferguson, Marilyn. *The Aquarian Conspiracy*. Jeremy P. Tarcher, Los Angeles, 1980.

Gray, Eden. *A Complete Guide to the Tarot*. Bantam Books, Nova York, 1970.

Greer, Mary K. *Tarot for Your Self*. Newcastle Publishing, North Hollywood, Calif., 1984.

Harding, Esther. *Psychic Energy*. Bollingen Series X, Princeton University Press, Princeton, N. J., 1973.

Hillman, James. *Re-Visioning Psychology*. Harper and Row, Nova York, 1977.

Houston, Jean. *The Possible Human*. Jeremy P. Tarcher, Los Angeles, 1982. [*A Redescoberta do Humano Possível*, Editora Cultrix, São Paulo, 1992.]

Jonas, Hans. *The Gnostic Religion*. Beacon Press, Boston, 1958.

Jung, C. G. (com K. Kerényi). *Essays on a Science of Mythology*. Bollingen Series XXII, Princeton University Press, Princeton, N. J., 1973.

_____. *Psyche and Symbol*. Doubleday and Company, Garden City, N. Y., 1958.

_____. *Psychology and Alchemy*. R. F. C. Hull, trad. Bollingen Foundation, Nova York, 1953.

_____. *The Undiscovered Self.* Mentor Books, Nova York, 1957.

Kerényi, K. *The Gods of the Greeks*. Thames and Hudson, Londres, 1951. [*Os Deuses Gregos*, Editora Cultrix, São Paulo, 1993.]

Newman, Erich. *The Great Mother*. Bollingen Series XLII, Princeton University Press, Princeton, N. J., 1972. [*A Grande Mãe*, Editora Cultrix, São Paulo, 1993.]

Nichols, Sallie. *Jung and the Tarot: An Archetypal Journey*. Samuel Weiser, Nova York, 1980. [*Jung e o Tarô – Uma Jornada Arquetípica*, Editora Cultrix, São Paulo, 5ª ed., 1991.]

Pearce, Joseph Chilton. *Exploring the Crack in the Cosmic Egg*. Simon and Schuster, Nova York, 1975.

Peck, M. Scott. *The Road Less Traveled.* Touchstone Books, Nova York, 1978.

Progoff, Ira. *Depth Psychology and Modern Man*. McGraw-Hill Paperbacks, Nova York, 1969.

_____. *Jung, Synchronicity and Human Destiny: Noncausal Dimensions of Human Experience*. Dell/Delta, Nova York, 1973. [*Jung, Sincronicidade e Destino Humano*, Editora Cultrix, São Paulo, 1989.]

_____. *The Symbolic and the Real*. McGraw-Hill Paperbacks, Nova York, 1973.

Rank, Otto. *The Myth of the Birth of the Hero and Other Writings*. Philip Freund, org. Vintage Books, Nova York, 1959.

Samuels, Mike, e Hal Bennett. *Spirit Guides: Access to Inner Worlds*. Random House/Bookworks, Nova York, Berkeley, 1974.

Schaya, Leo. *The University Meaning of the Kabbalah*. Penguin Books, Baltimore, 1974.

Schnur, Harry C., org. *Apuleius, The Golden Ass*. Crowell-Collier Publishing Co., Nova York, 1962.

Scholem, Gershom, org. *Zohar, The Book of Splendor*. Schocken Books, Nova York, 1966.

Tart, Charles T., org. *Altered States of Consciousness*. Doubleday Anchor Books, Garden City, N. Y., 1969.

Underhill, Evelyn. *Mysticism: A Study in the Nature and Development of Man's Spiritual Consciousness*. Methuen & Company, Londres, 1949.

von Franz, Marie-Louise. *Alchemy*. Inner City Books, Toronto, 1980. [*Alquimia*, Editora Cultrix, São Paulo, 1987.]

Waite, A. E. *The Holy Kabbalah*. University Books, New Hyde Park, N. Y., 1965.

Watts, Alan W. *Psychotherapy East and West*. Pantheon Books, Nova York, 1969.

JUNG e o TARÔ

Sallie Nichols

O Tarô é um dos grandes espelhos do pensamento inconsciente. Cada uma de suas cartas tem por base uma importante imagem arquetípica cujo significado nem sempre é claro para o homem moderno, que jogou fora seus mitos ao querer interpretá-los literalmente. Os arquétipos não são literais: são mensagens do inconsciente. Cada uma das cartas do Tarô é uma mensagem da mente universal. Mas como nossa mente inconsciente está divorciada do consciente — a mente literal — e costuma ser por ele ignorada, essa mensagem se perde. As explanações arquetípicas do Tarô, feitas por Sallie Nichols, fazem com que as imagens e, muitas vezes, as respostas às nossas perguntas mais profundas venham à tona.

Aluna de Jung no Instituto de Zurique, a autora é profunda conhecedora do pensamento junguiano. Usando suas teorias sobre individuação, arquétipo, sincronicidade e imaginação ativa, Sallie Nichols analisa cada carta do Tarô de Marselha como uma representação das diferentes etapas da jornada do indivíduo rumo à transformação e à integração de si mesmo.

Quem quer que sinta o mais remoto interesse pelo poder que a imagem tem para estimular a psique encontra em *Jung e o Tarô* um roteiro rumo ao reino onde a imagem, a psique e a alma descobrem sua origem e sua finalidade.

EDITORA CULTRIX

Outras obras de interesse:

O HERÓI DE MIL FACES
Joseph Campbell

AS TRANSFORMAÇÕES DO MITO ATRAVÉS DO TEMPO
Joseph Campbell

EGO E ARQUÉTIPO
Edward F. Edinger

A CRIAÇÃO DA CONSCIÊNCIA
Edward F. Edinger

O ARQUÉTIPO CRISTÃO
Edward F. Edinger

O ENCONTRO COM O SELF
Edward F. Edinger

ANIMA – Anatomia de uma Noção Personificada
James Hillman

ENCARANDO OS DEUSES
James Hillman e outros

PSICOLOGIA ARQUETÍPICA – Um Breve Relato
James Hillman

A REDESCOBERTA DO POTENCIAL HUMANO
Jean Houston

OS DEUSES GREGOS
Karl Kerényi

OS HERÓIS GREGOS
Karl Kerényi

JUNG E O TARÔ – Uma Jornada Arquetípica
Sallie Nichols

JUNG, SINCRONICIDADE E DESTINO HUMANO
Ira Progoff

ALQUIMIA
Marie-Louise von Franz

C. G. JUNG – SEU MITO EM NOSSA ÉPOCA
Marie-Louise von Franz

ADIVINHAÇÃO E SINCRONICIDADE
Marie-Louise von Franz

O ESPÍRITO DO ZEN
Alan W. Watts

O ZEN E A EXPERIÊNCIA MÍSTICA
Alan W. Watts

GUIA PRÁTICO DE ALQUIMIA
Frater Albertus